von Frau Klinkow
zum 25. X. 1971

Jesus in schlechter Gesellschaft

Adolf Holl

Jesus in schlechter Gesellschaft

Deutsche Verlags-Anstalt

3. Auflage 1971

Schutzumschlag: Edgar Dambacher. Gesetzt aus der Monophoto Times
Gesamtherstellung Deutsche Verlags-Anstalt GmbH, Stuttgart
Printed in Germany. ISBN 3 421 **01574** 0

Inhalt

Für I. S.

Ein erstaunlicher Lebenslauf

Jesus wurde einige Jahre vor Christi Geburt geboren, weil sich ein Kalendermacher aus dem Mittelalter geirrt hat. Die heutige Wissenschaft setzt die Geburt Jesu zwischen 4 und 6 vor Christi Geburt an, und das ist – zusammen mit seiner Hinrichtung um 30 nach Christi Geburt – so ziemlich alles, worüber unter den Erforschern des Lebens Jesu Einigkeit herrscht.
Manche Gelehrte bestreiten sogar die Tatsache, daß Jesus überhaupt gelebt hat, und fassen ihn als Mythe auf. Dessenungeachtet beten heute rund eine Milliarde Menschen zu diesem Jesus; rund ein Drittel der Weltbevölkerung nennt sich Christen.
Bestenfalls drei Jahre, wahrscheinlich jedoch nur zwei Jahre, möglicherweise nur einige Monate hat Jesus gepredigt. Was vorher war, wird weitgehend verschwiegen – von jenen schriftlichen Quellen, auf die allein wir angewiesen bleiben, nämlich den vier „Evangelien" nach Matthäus, Markus, Lukas und Johannes. Wohl erzählen Matthäus und Lukas einige wundersame Begebenheiten rund um die Geburt des göttlichen Kindes im Stall von Bethlehem, doch wird das Interesse an genaueren biographischen Angaben über die Person Jesu dadurch nicht zufriedengestellt.
Jesus ist sozusagen plötzlich da: Da kam Jesus von Nazaret in Galiläa zu Johannes an den Jordan, um sich von ihm taufen zu lassen (Matthäus, Markus); als Jesus auftrat, war er ungefähr 30 Jahre alt und war, wie man glaubte, der Sohn Josephs (Lukas); am folgenden Tage sieht der Täufer Jesus auf sich zukommen (Johannes).
Nur das Johannesevangelium nennt in diesem Zusammenhang einen Ortsnamen: Betanien, jenseits des Jordan. Dorthin also, in die Gegend der Einmündung des Jordanflusses in das Tote Meer, unweit der alten Stadt Jericho, mag Jesus gegangen sein, um sich

der Bußtaufe des Johannes zu unterziehen. Bald danach wird man von ihm zu reden beginnen; jedoch selbst in den Evangelien ist jene Frage stehengeblieben, die sich jedem Interessierten ganz von selbst stellt: Wieso kennt dieser die Schriften, ohne Unterricht erhalten zu haben?

Unbekanntes Vorleben

Die Lücke zwischen den Kindheitsgeschichten Jesu und dem Einsetzen der Berichterstattung von seinem Auftreten in der Öffentlichkeit ist groß. Lediglich Lukas unterbricht dieses allgemeine Schweigen – ein einziges Mal: Und seine Eltern zogen jedes Jahr am Osterfest nach Jerusalem; als er zwölf Jahre alt war, gingen sie der Festsitte gemäß hinauf.
In dieser Legende bleibt Jesus – von seinen Eltern unbemerkt – bei den „Lehrern“ im Tempel, erregt dort allgemeines Staunen durch seine Antworten, wird schließlich entdeckt und kehrt folgsam nach Nazaret zurück: Und Jesus nahm zu an Weisheit und Alter und Gnade vor Gott und den Menschen.
Mehr zu berichten, hält selbst Lukas nicht für notwendig. Offenbar liegt ihm lediglich daran, seinen Lesern klarzumachen, daß Jesus in keine Schule zu gehen brauchte. Seine Kenntnisse in den jüdischen Schriften, ja Lesen und Schreiben überhaupt hätte er demzufolge von anderswo bezogen: von „oben“, also von Gott.
Mit diesem Hinweis wird allerdings die Informationslücke bezüglich des Vorlebens Jesu nicht geschlossen; nicht Auskunft wird hier erteilt, sondern eine wunderbare Erklärung für die offenbar vorausgesetzte Tatsache geboten, daß Jesus in den heiligen Schriften Bescheid wußte.
Daß dies in der Tat der Fall war, darf mit einiger Wahrscheinlichkeit angenommen werden. Öfter wird Jesus mit „Rabbi“ angeredet, was so viel wie „Meister“ bedeutet. Ein solcher *Rab* hatte jedoch in der damaligen jüdischen Gesellschaft meist eine lange und gründliche Ausbildung hinter sich. Zwei bis drei

Jahrzehnte, von Kindheit an, hatte einer zu lernen, bis er selber Lehrer sich nennen durfte. Diese hohen Standards der Bildung hängen mit der Tatsache zusammen, daß die jüdische Gesellschaft zu den ersten gehört, die zur damaligen Zeit eine schriftkundige Oberschicht besaß.
Nirgends allerdings findet sich ein Hinweis dafür, daß Jesus der Standesgruppe der Schriftgelehrten angehört hätte; ganz im Gegenteil steht er in einem scharfen Gegensatz zu ihnen, insbesondere zu einer ihrer Hauptrichtungen, den sogenannten *Pharisäern*, und beschuldigt sie der Heuchelei. Auch in den seit 1947 entdeckten Schriften von *Qumran* werden die Pharisäer Heuchler genannt. Und Qumran liegt nicht sehr weit von jener Gegend, in der Jesus nach der Überlieferung zuerst öffentlich auftrat. Darf man vermuten, daß Jesus der Wüstenbruderschaft der *Essener* angehört hat, die damals am Nordwestufer des Toten Meeres lebte und über deren Sitten und Lehren die neuerdings gefundenen Qumran-Texte berichten? Hat Jesus vielleicht bei ihnen jene Ausbildung erhalten, die ihm den vertrauten Umgang mit den heiligen Büchern ermöglichte?
Wir wissen es nicht. Die Frage nach der schulischen, beruflichen Ausbildung Jesu – nach modernen Gesichtspunkten bei jeder Stellenbewerbung eine Selbstverständlichkeit – bleibt unbeantwortet.
Offenbleibt auch die Rubrik des Familienstandes. Ob Jesus ledig oder verheiratet war, wird nirgendwo erwähnt. Dabei ist die Vorstellung eines verheirateten Jesus der christlichen Überlieferung unerträglich, bis heute. Die Evangelien jedoch schweigen über diesen Punkt, sie erwähnen ihn nicht einmal. Nun kann man wohl das Argument vorbringen, daß die Evangelien eben deshalb nichts über eine Ehe Jesu schreiben, weil er eben ledig war. Ein Argument dieser Art – aus dem Verschweigen eines Sachverhaltes bestimmte Schlüsse zu ziehen – wird jedoch von den Historikern mit Recht nicht zugelassen; denn auch das Gegenteil wäre möglich, in unserem Fall also ein verheirateter Jesus, der seine Frau verließ, um sich seiner Sendung zu widmen. Das Schweigen der Quellen würde sich dann daraus erklären,

daß ihnen die Ehe Jesu entweder gleichgültig oder sogar unangenehm war.
Abermals bewegt man sich in Vermutungen und Angemessenheitsgründen, im Bereich des Wahrscheinlichen und Unwahrscheinlichen. Sicherheit wird damit jedoch nicht erreicht, das steht fest.
Ob (bei Markus) ursprünglich Joseph oder Jesus selbst als Zimmermann bezeichnet wird, ist textkritisch strittig. Die moderne Wissenschaft setzt ein Fragezeichen dorthin, wo der fromme Sinn die heilige Familie erblickt – den heranwachsenden Jesus an der Seite Josephs in der Werkstätte zu Nazaret, mit Maria, der jungfräulichen Mutter. Ein still verborgenes Leben als Handwerker im engsten Familienkreis – ist dies die Antwort auf die Frage nach dem Vorleben Jesu?
Die wissenschaftliche Forschung hält diesbezüglich nur ein Fragezeichen bereit. Mehrere Fragezeichen, um genau zu sein. Denn fraglich ist, wer eigentlich jene „Brüder" und „Schwestern" Jesu waren, die gelegentlich in den Evangelien erwähnt werden (darüber später), fraglich auch die genaue Bedeutung der beiden Stammbäume Jesu (Matthäus, Lukas), die in der Tat unterschiedliche Angaben über die Vorfahren Jesu beziehungsweise Josephs machen.
Festzuhalten bleibt: Herkunft, Ausbildung und Vorleben Jesu bleiben weitgehend im dunkeln. Man mag derlei Fragen als müßig bezeichnen – berechtigt sind sie jedenfalls. Und bemerkenswert bleibt die Tatsache, daß man über eine Person von der starken Wirkung Jesu so wenig biographische Angaben bekommt. Unter allen maßgebenden religiösen Persönlichkeiten, die man später Religionsstifter genannt hat, wird nur Jesus in bezug auf seinen Werdegang mit Schweigen umgeben.

Zwischen Kapharnaum und Jerusalem

Jesus beginnt im Land Palästina herumzuwandern und zu predigen: Glaubt der guten Nachricht. Eine Karawane der damaligen

Zeit benötigte etwa eine Woche, um das Gebiet der Wirksamkeit Jesu von Norden nach Süden zu durchqueren. Ein kleines Land also. Im Norden die Landschaft Galiläa mit dem See Genesaret, an dessen Nordufer Kapharnaum lag; dort hielt sich Jesus gerne auf, aus dieser Gegend stammten seine engsten Anhänger, die ihn ständig begleiteten: die Jünger, auch Apostel genannt. Im gebirgigen Süden liegt Jerusalem, die Hauptstadt, mit dem Tempel. Zwischen diesen beiden Orten ereignet sich – im großen und ganzen – das uns bekannte Leben Jesu; kaum 200 Straßenkilometer liegen zwischen Kapharnaum und Jerusalem.
Die Evangelien nennen nur wenige Ortsnamen im Zusammenhang mit den Wanderungen Jesu; Kana in Galiläa wird genannt, als Ort der wunderbaren Verwandlung von Wasser und Wein, dann Nain, ebenfalls im Norden, wo Jesus einen Toten auferweckt; schließlich der Heimatort Jesu, Nazaret (er zählt heute rund 40000 Einwohner). Weiter südlich, in der Landschaft Judäa, wird Jericho am Jordan erwähnt; Ephraim, wohin sich Jesus angesichts der bereits drohenden Verhaftung noch einmal zurückzieht, wird einmal genannt. Damit ist die Liste der Bezugspunkte nahezu erschöpft. Aus diesen dürftigen Angaben einen Zeitablauf der Wirksamkeit Jesu zu rekonstruieren ist unmöglich. Lediglich das Johannesevangelium berichtet über mehrere Reisen Jesu nach Jerusalem, wenn ein religiöses Fest gefeiert wurde. Die anderen drei Evangelien beschränken ihre Erzählungen in der Hauptsache auf die Landschaft Galiläa, und hier wiederum auf das Nordufer des Sees Genesaret. Matthäus erwähnt eine Wanderung Jesu noch weiter in den Norden hinauf, bis nach Cäsarea Philippi, in der Nähe der Jordanquellen.
Alles in allem: ein kleiner Schauplatz für jene Begebenheiten, deren wichtigste auch heute jedem von Kindheit an vertraut sind, der – als Abendländer – mit Bildern und Vorstellungen erfüllt ist, die auf die Bibel zurückgehen. Die Bergpredigt. Die wunderbare Brotvermehrung. Der fastende Jesus in der Wüste. Die Kreuzigung. Die Erscheinungen des Auferstandenen.
Viele fragen heute: Hat sich dies alles wirklich und wahrhaftig so zugetragen, wie uns erzählt wird? Wandelte Jesus tatsächlich auf

dem Wasser des Sees, standen die Toten wirklich auf? Solche und viele weitere kritische Fragen wurden zumindest unter den Gebildeten seit dem 18. Jahrhundert gestellt. Seit *Lessing* die Schriften eines gewissen *H. S. Reimarus* unter dem Titel „Fragmente eines Wolfenbüttelschen Ungenannten" herausbrachte (1774–1778), in denen die Auferstehung Jesu der Erfindungskraft der Jünger zugeschrieben wurde, gibt es ein gewaltiges Jesus-Schrifttum. Berühmte Männer wie der Philosoph *Schleiermacher* und der als Urwaldarzt bekannt gewordene *Albert Schweitzer* haben sich an der wissenschaftlichen Debatte um Jesus beteiligt. Diese Debatte ist bis heute nicht abgeschlossen. Sie hat jedoch gewisse Ergebnisse gebracht, die zumindest in der wissenschaftlichen Welt kaum mehr angezweifelt werden. Wichtig ist dies: Die vier Evangelien als Hauptzeugen des Lebens Jesu können nicht zur Gänze als verläßliche Tatsachenberichte angesehen werden. Um zum geschichtlichen Kern vorzudringen, bedienen sich die Gelehrten heute ziemlich aufwendiger Methoden kritischer Textanalysen. Sie versuchen auf diese Weise, jene Jesus-Worte sicherzustellen, die aller Wahrscheinlichkeit nach tatsächlich von ihm selbst gesprochen wurden, im Gegensatz zu anderen Aussprüchen, deren Authentizität nicht so sicher ist und die möglicherweise auf die Arbeit der Evangelien-Verfasser zurückzuführen sind. Bislang ist es freilich noch keinem Gelehrten gelungen, eine Art Ur-Evangelium zweifelsfrei zu rekonstruieren. Und auch in der Beurteilung der Wundergeschichten scheiden sich die Geister. Sicher ist dies: Jesus zog im Land umher, er predigte eine „gute Nachricht" *(euangelion)* vom nahe bevorstehenden „Reich Gottes", und er mag auch manchem Kranken und seelisch Verstörten geholfen haben.

Nun aber das Erstaunliche dieses Wirkens, dem rund zwei Jahre genügten, um das in Bewegung zu bringen, was heute Christentum heißt. Vier „maßgebende Menschen" nennt der Philosoph *Karl Jaspers*: Sokrates, Buddha, Konfuzius, Jesus. Sie haben eine geschichtliche Wirkung von unvergleichlichem Umfang und Tiefgang gehabt. Das Herausheben jener vier gehört zur Klarheit welthistorischen Bewußtseins.

Andere Autoren nennen Jesus einen Religionsstifter. Auf ihn geht eine der heutigen „Weltreligionen" zurück – wie der Islam auf Mohammed, der Buddhismus auf Buddha.
Mit welchen vergleichbaren geschichtlichen Persönlichkeiten man Jesus auch immer in Zusammenhang bringt, und unter welchem Gesichtspunkt immer: erstaunlich ist die Kürze seines Wirkens deshalb, weil sie einmalig ist. Kein anderer der religiösen oder philosophischen Großen hat in so kurzer Zeit seine Lehren verbreitet. Keiner ist so jung gestorben wie Jesus.

Der Irrtum Jesu

Die Predigt und das Handeln Jesu stehen unter der Voraussetzung: Es sind einige unter euch, die hier stehen, welche den Tod nicht kosten werden, bis sie den Menschensohn kommen sehen mit seinem Reich. Der Menschensohn und sein Kommen – auf den Wolken des Himmels, wie Jesus an einer anderen Stelle sagt – wird im Zusammenhang mit dem Weltuntergang sich ereignen. Und dieser steht nahe bevor.
Jesus hat seine Predigt auf Israel beschränkt, und auch die Apostel dachten anfangs an nichts anderes. Die ersten Jahrzehnte des frühen Christentums waren geprägt vom Gedanken an das nahe Weltende. Erst nach und nach trat die Ernüchterung ein: Der Bräutigam läßt sich Zeit.
Von einem universellen, auf alle Völker sich erstreckenden Missionsbefehl Jesu kann historisch keine Rede sein – so lautet der wissenschaftliche Befund; entgegenlaufende Stellen in den Evangelien wurden erst später in den Mund Jesu gelegt. Manche Exegeten haben angenommen, Jesus hätte seine bitterste Enttäuschung erst sterbend erlebt. Bis zuletzt hätte er die Posaunen des Jüngsten Gerichtes erwartet. Andere meinen, Jesus hätte sich mit einer Art kurzer Zwischenzeit abgefunden, nachdem ihm die Unausweichlichkeit der tödlichen Bedrohung durch die Behörden klargeworden war – eine Zeit zwischen seinem Tod und dem Ende der Welt.

Die Katastrophe jedoch trat nicht ein, das Gericht wurde sozusagen vertagt und hiermit freilich auch all der Hoffnungsglanz des Reiches, der Himmel, dessentwegen Jesus seine Lehren eine gute Nachricht nannte, eine Botschaft der Freude für jene, die sich der Einladung zum Gesinnungswandel nicht entzogen.
Mehr noch. Jesu Erwartung eines nahe bevorstehenden Weltendes, mit völlig anderem Neubeginn, steht so sehr in Zusammenhang mit seinen Lehren, daß seine trotz Enttäuschung dieser Erwartung fortdauernde Wirkung geradezu unwahrscheinlich wirkt.
Wenn aber die Wirklichkeit des Weltuntergangs ausbleibt, ist der Sinn des Grundgedankens nicht aufgehoben (Jaspers). Der Grundgedanke Jesu, nämlich seine Aufforderung zur Entscheidung angesichts eines jedenfalls für jeden Menschen unausweichlichen Endes, war so stark, daß er durch den Irrtum Jesu nicht zersetzt werden konnte.
Diese Unverwüstlichkeit der Jesusgestalt hängt sicher mit der Art seines Sterbens zusammen. Jesus ist, ob man es will oder nicht, als der einzelne leidende und sterbende Mensch zurückgeblieben (Canetti). Für diese – durchaus jüdische – Leidenserfahrung Jesu wird der Hohn seiner Gegner belanglos, die ihm ein illusionäres Denken nachrechnen wollen: Wenn du der Sohn Gottes bist, dann steig herab vom Kreuz.

Drei Tatsachen

Wer wie Jesus im Bewußtsein eines baldigen Endes der Welt lebt, dem bedeuten die gesellschaftlichen Ordnungen wenig. An diesem Punkt setzt die Frage an, die den Gegenstand dieses Buches bildet: Wie hat sich Jesus zur Gesellschaft verhalten, in der er lebte?
Die Beantwortung dieser Frage wird in erster Linie bestimmt von jener Tatsache der Jesusbiographie, mit der diese endigt und die historisch am verläßlichsten ist: der Hinrichtung.
Nur Sokrates († 399 v. Chr.) hat unter den mit Jesus vergleichba-

ren geschichtlichen Persönlichkeiten ein ähnliches Schicksal erlitten; ihm wurde wegen Gottlosigkeit der Prozeß gemacht, wegen Verführung der Jugend auch. Er wurde zum Tod verurteilt und trank gelassen den Schierlingsbecher aus.
Jesus stirbt im Gegensatz zu Sokrates jung, und die Qual seines Todes nach überaus kurzer Wirksamkeit hat etwas sehr Heftiges an sich. Während die Gegner des Sokrates in Athen Jahrzehnte Zeit hatten, ihren Ärger über diesen Mann zum Vernichtungswillen zu verdichten, führte die Anstößigkeit des Verhaltens Jesu sehr viel schneller zur Katastrophe.
Bei Jesus tritt also – durch die Schnelligkeit der Entwicklung – deutlicher als bei Sokrates zutage, in welchem Gegensatz er sich zur Gesellschaft befand, zumindest was deren Repräsentanten anlangt. Dieser Gegensatz wurde als kriminell beurteilt und geahndet, die Hinrichtung geschah der Sitte gemäß außerhalb der Stadt, womit bedeutet wurde, daß sich der Delinquent außerhalb der geltenden Gesellschaftsordnung gestellt hatte. Die Tatsache der Hinrichtung Jesu allein und für sich selbst genommen genügt, um ihn als gesellschaftlichen Außenseiter zu kennzeichnen.
Dieser (soziologische) Befund wird durch zwei weitere geschichtliche Tatsachen gestützt, die im Leben Jesu ihre Wurzel haben und in ihrer Wirkung auf die Entwicklung der Sache Jesu deutlich erkennbar sind. Es handelt sich dabei um die Bedeutungslosigkeit der Sippe Jesu bei der Regelung der Führungsfrage in der nach dem Tod Jesu sich bildenden religiösen Bewegung und um die Tatsache der Ausbreitung des Christentums vorerst in den unteren sozialen Schichten des damaligen Mittelmeerraums.
In jedem der beiden Fälle tritt etwas Außenseiterisches auf. Denn die Vernachlässigung der Verwandtschaftsbeziehungen war – und ist teilweise noch heute – im Nahen Osten durchaus ungewöhnlich. Als erster Nachfolger Mohammeds, vergleichsweise, der ohne männlichen Nachfolger gestorben war, behauptete sich *Abu Bakr*, einer der Schwiegerväter des Propheten. Und in all den Nachfolgekämpfen der frühislamischen Entwicklung –

der sogenannten Kalifatsfrage – spielt die Frage der Zugehörigkeit zur Sippe Mohammeds die entscheidende Rolle. Wohl hat es auch im frühesten Christentum ähnliche Tendenzen gegeben (darüber später), durchsetzen konnte sich die Sippe Jesu jedoch nicht, und darin liegt das Entscheidende. Selbst in der Herausbildung einer Priesterkaste innerhalb der jungen Christengemeinden, die als solche keineswegs auf Jesus rückführbar ist, setzte sich der Mangel an Familiensinn als religionsgeschichtliches Novum deutlich erkennbar durch: Die christliche Kirche der ersten Jahrhunderte bringt zum erstenmal in der Geschichte eine nicht erbliche Priesterklasse hervor. Denn in den bis dahin vorhandenen Kulturen der schriftlichen Epoche pflegte sich die Priesterwürde in den hierzu ausersehenen Familien zu vererben; damit war es mit dem Heraufkommen der christlichen Kirche im Raum des römischen Imperiums zu Ende.

Indifferenz gegenüber Geld, Besitz, gesellschaftlichem Ansehen: Jesus hat die Voraussetzungen für diese Haltung lieber bei den Unteren gesucht, bei den Armen und den gesellschaftlich Verfemten. Paulus hat für die Christen in Jerusalem Geld gesammelt; denn sie waren arm. Ein gewisser *Kelsos* machte sich um 180 n. Chr. über die ungebildeten christlichen Prediger lustig, die eher herumziehenden Handwerksburschen als philosophischen Lehrern glichen. Die Sorge um die Armen, die Waisenkinder, die Kranken war den Christengemeinden schon in den ersten Jahrhunderten wichtig; offenbar gab es viele Bedürftige unter ihnen. Diese ursprüngliche Verbreitung der christlichen Lehre in erster Linie unter den armen Schluckern von damals spricht für das Fortwirken eines außenseiterischen Impulses, dem die Regeln der sozialen Schichtung mit ihren Über- und Unterordnungen wenig bedeuteten.

Die drei beschriebenen historischen Tatsachen – Kriminalität, familiäre Unabhängigkeit, Zug nach unten – belegen die These dieses Buches über das gesellschaftliche Verhalten Jesu. Mit der Aussonderung des historisch gewissen Tatbestandes allein würde die Erörterung des Themas jedoch in einem Minimum enden, das in seiner Armut gleichgültig wird. In der Kategorie des

Außenseiterischen hat der Rebell ebenso Platz wie der harmlose Narr und der schrullige Einzelgänger, das Genie und der Verbrecher; was hiervon auf Jesus zutrifft, muß erst gezeigt werden. In welchem Sinn Jesus ein Außenseiter war, wird erst durch beschreibende Exploration deutlicher, in unserem Fall anhand der Texte in den Evangelien.

Welcher Jesus?

Mit dieser Frage schließt eine neuere Arbeit über den Stand der wissenschaftlichen und konfessionellen Auseinandersetzungen um Jesus im deutschsprachigen Raum. Die Frage ist berechtigt, denn der Jesusbilder in den Köpfen der Gelehrten gibt es viele, und auch die populären Vorstellungen von Jesus sind unterschiedlicher Art. Sie sind dermaßen zahlreich, daß ihre Aufzählung und Klassifizierung ermüden würde. Nützlich ist es jedoch, wie bei archäologischen Ausgrabungen die wichtigsten Fundschichten zu unterscheiden, wobei wir uns auf die ersten Jahrhunderte beschränken wollen, etwa bis zur Völkerwanderung.

In der untersten Schicht stoßen wir auf jenen Jesus, der einige Jahre vor Christi Geburt geboren und um 30 n. Chr. gekreuzigt wurde. Dieser Jesus wird von den Bibelgelehrten (oder „Exegeten“) der historische Jesus genannt. Von ihm ist etwa das mit hoher Wahrscheinlichkeit wissenschaftlich aussagbar, was weiter oben bereits dargestellt wurde, vielleicht auch noch einiges mehr, seine Lehren betreffend. Dieser historische Jesus ist das Ergebnis einer bis ins 17. Jahrhundert zurückreichenden kritischen Sichtung der vorhandenen Quellen über das Leben Jesu, in der Hauptsache der Evangelien. Der historische Jesus ist ein Produkt der wissenschaftlichen Forschung. Wie er wirklich gewesen ist, was er tatsächlich gelehrt und gewollt hat, zeigt sich nur indirekt und in Umrissen.

Wohlbekannt hingegen ist der Jesus der Evangelien und der übrigen neutestamentlichen Schriften, deren Abfassung in den

Zeitraum zwischen 50 und 100 n. Chr. fällt und die man in jeder Buchhandlung bekommt. Von den verschiedenen Verfassern dieser Schriften wird Jesus verschieden dargestellt. Im – verhältnismäßig spät entstandenen – Johannesevangelium etwa ist Jesus der Gott: Ehe Abraham ward, bin ich. Im sogenannten Hebräerbrief wird die Kreuzigung Jesu zum kosmischen Ereignis, der Heiland zum – einzig legitimen – Hohenpriester, der durch seinen Opfertod Versöhnung stiftet zwischen Gott und den Menschen. In den Evangelien nach Matthäus, Markus und Lukas, die man mit einem Sammelnamen auch die synoptischen nennt, weil sie unter ähnlichen Gesichtspunkten schreiben, tritt Jesus eher menschlich auf; jedoch auch hier ist der Angelpunkt die wunderbare Auferstehung des Heilands, der allbereits mit dem aristokratischen Titel „Herr" angesprochen wird. So gläubig die neutestamentlichen Schriften redigiert wurden, so mißtrauisch sind die Wissenschaftler in bezug auf die historische Tatsächlichkeit des Berichteten. Sie nennen den Jesus dieser Schicht den Christus der Bibel oder des Glaubens. Er darf mit dem historischen Jesus nicht gleichgesetzt werden.

Die dritte Schicht – bei unserer Vorgangsweise die oberste – enthält den Christus des Dogmas. Die gedankliche Auseinandersetzung mit Jesus, der als jenseitig Erhöhter zur Rechten des Vaters thront, schlägt sich in den Akten der ersten allgemeinen Konzilien nieder, etwa in denen der Kirchenversammlung von *Chalkedon* (451 n. Chr., heute Kadiköy, gegenüber Konstantinopel): In Jesus Christus sind zwei Naturen, unvermischt und ungetrennt, die göttliche und die menschliche, in einer Person vereint.

Die Inhalte der Dogmengeschichte sind von Jesus nicht beabsichtigt; aus diesem heute wissenschaftlich wohlfundierten Tatbestand hat bereits der dänische Philosoph und Theologe *Sören Kierkegaard* († 1855) die radikale Konsequenz gezogen: Das Historische, Tatsächliche von Jesus zu wissen, ist für den Glauben gleichgültig; für den Glauben kommt es nur auf das eine an, daß Gott in der Welt war und gekreuzigt wurde.

Eine These dieser Art kommt aus einem theologischen Interesse

und von einem theologischen Standpunkt. Ein solcher bleibt von diesem Buch ausgeschlossen, ob nun in einer sozusagen frei schwebenden oder auch konfessionell ausdrücklichen Gestalt.
Schwieriger ist es, zwischen der zweiten und ersten Schicht – im obengenannten Sinn – eine Entscheidung zu treffen; anders ausgedrückt, zwischen jenen Texten der Evangelien, die höchstwahrscheinlich dem historischen Jesus zuzuschreiben sind, und jenen, die auf das Konto der gläubigen Verfasser beziehungsweise der gläubigen Auslegung Jesu durch die ersten Christen gehen. Tatsächlich fragen die Exegeten heute bei jedem Jesus-Wort nach dessen Authentizität; im einzelnen sind die Gelehrtenmeinungen jedoch weithin umstritten. Was dem einen als gut jesuanisch gilt, wird vom andern als Produkt der gläubigen Redakteure bezeichnet.
In diesem Hin und Her der Fachwissenschaft kann es leicht geschehen, daß die bloße Kritik in der These vom Nichtbescheidwissen endet. Das Ergebnis wird so dürftig, daß es zur Leerformel wird, die in ihrer Inhaltslosigkeit kaum zu interessieren vermag. Jesus verschwindet hinter dem Apparat der Gelehrten.
Angesichts dieser hochspezialisierten Fachwissenschaft erweist sich die hier bezogene soziologische Methode als hilfreich. Denn die These dieses Buches von der Außenseiterposition Jesu kann sich auf Tatsachen berufen jene drei weiter oben genannten –, die historisch außer Streit sind. Was dann im weiteren Verlauf unserer Überlegungen an Evangelientexten herangezogen wird, zwecks näherer Erläuterung und Illustration, kann eher unbefangen gehandhabt werden; möglicherweise halten einzelne dieser Belege der gelehrten Textkritik nicht stand – die These selbst bleibt davon unberührt.
Sie wird in mehreren Schritten entfaltet. In den beiden folgenden Kapiteln wird der Begriff des abweichenden Verhaltens diskutiert und mit der Gestalt Jesu in Beziehung gesetzt; ferner wird eine Erklärung für die Tatsache gesucht, daß Jesus in den Augen der Kirchengläubigen wenig Außenseiterisches mehr an sich hat. In den weiteren Kapiteln – sie bilden den Hauptteil – wird die Stellung Jesu zu den wichtigen gesellschaftlichen Realitäten

untersucht: religiöse und familiäre Institutionen, soziale Schichtung und Klassenlage, Wirtschaft und Machtapparat. Schließlich wird eine Analyse jener Gruppe versucht, die sich um Jesus zuerst gebildet hat.

In den letzten Kapiteln wird das Außenseiterische an Jesus als Denkanstoß und Übung für ein mögliches Verhalten unter den gegenwärtigen Verhältnissen ins Spiel gebracht. Jesus läßt sich in fragwürdiger Gesellschaft antreffen – unter Ketzern, Neuerern und Schwärmern, Weltflüchtigen und Revolutionären, Neurotikern und Narren, Hysterikern, Mystikern und Heiligen.

Daß derlei heute kaum von den Kanzeln gepredigt wird, darf als bekannt vorausgesetzt werden. Wahrscheinlich sitzen unter anderem auch deshalb so wenige von jenen Menschen unter diesen Kanzeln, denen es um mehr als um Trost, um Jenseitsvertröstung geht, mit etwas Moral drumherum. Um dieses Mehr geht es eigentlich in diesem Buch, auch wenn davon nicht ausdrücklich gesprochen wird.

Ungesetzliches Verhalten

Auf die Frage nach dem eigentlichen Grund der Hinrichtung Jesu antwortet heute allbereits eine ganze Bibliothek von einschlägigen Abhandlungen, und der Prozeß Jesu hat sehr viel Scharfsinn bemüht. Sogar für ein Mißverständnis ist die Kreuzigung Jesu gehalten worden – Jesus hätte den Tod eines politischen Verbrechers aufgrund eines Mißverständnisses seines Wirkens als eines politischen erlitten. Tatsächlich gibt es in den von allen vier Evangelien ausführlich geschilderten Leidensgeschichten eine ganze Reihe von Akteuren: Hohepriester, der jüdische Hohe Rat, Pontius Pilatus, brüllendes Volk; sogar ein jovialer Marionettenkönig tritt auf; sie alle wirken zusammen, um Jesus zu verderben. Schließlich wird, einigermaßen unbestimmt, eine Notiz verfaßt und auf dem Kreuz angebracht: Jesus von Nazaret, Judenkönig. Enttäuschte Messiaserwartung, politischer Aufruhr, Gotteslästerung, Rebellentum schlechthin, ein Putschversuch gar – diese und noch andere Gründe stehen für die Hinrichtung Jesu zur Debatte. Als historisch gesichert darf lediglich gelten die nächtliche Verhaftung, die Verurteilung durch Pilatus, der Gang zur Hinrichtung, die Kreuzigung. Und freilich auch – für unseren Zweck entscheidend – der grundlegende Tatbestand, von Lukas beziehungsvoll aus dem Propheten Jesaja zitiert: Zu den Übeltätern wurde er gezählt.
Womit ein Stichwort fällt, das im griechischen Originaltext noch prägnanter wird. Dort nämlich steht *anomos* (= ungesetzlich; Frevler, Übeltäter), wofür heute eine allgemein übliche Bezeichnung bereitsteht – die des Kriminellen.
Nach Lukas war Jesus in den Augen seiner Umgebung ein Krimineller, und dementsprechend wurde er auch behandelt. Die Bibel allerdings verteidigt Jesus gegen seine Verfolger: Wie ein Lamm wird er zur Schlachtbank geführt.

Auch die Gründe für dieses Unrecht an Jesus werden von der Bibel genannt – schuldhafte Bosheit oder Unwissenheit. Das letztere vertritt Petrus in einer Ansprache an das Volk: Aber ich weiß, Brüder, ihr habt aus Unwissenheit gehandelt, wie auch eure Führer. Ersteres wird in der von Matthäus angeführten Selbstverfluchung der Juden vernehmlich: Sein Blut komme über uns und unsere Kinder.
Die faktische Entscheidung der Christenheit für die Bosheitserklärung hat vielen Juden das Leben gekostet, obwohl – oder vielleicht sogar weil – sie keinerlei erklärenden Wert besitzt. Aber auch die mildere Interpretation für die schuldlose Hinrichtung Jesu – die Annahme der Unwissenheit gegenüber den wahren Absichten Christi seitens der Gesellschaft – vermag ein sachliches Interesse an den Vorgängen kaum zu befriedigen, ebenso wenig wie jene Formulierung, derzufolge die Exekution Jesu auf einem Mißverständnis beruht habe. Selbst fatale Mißverständnisse lassen sich mit einiger Geduld aufklären, wenn auch – wie in unserem Fall – mit einiger Verspätung. Und dann wird Jesus zu einem im Grunde harmlosen Menschen, dem ohne sein Zutun Arges widerfuhr. Die – immer noch fehlende – Erklärung mag dann durch triviale Redewendungen ersetzt werden, etwa durch jene von der unseligen Verkettung der Umstände.
Damit jedoch ist die für den Interessierten unbefriedigende und – noch einmal – für jeden Juden bis heute gefährliche Debatte keineswegs erledigt; die anstehenden Fragen sind allenfalls beschwichtigt, und das ist zuwenig.

Die Kriminalität Jesu

In unserem Fall ist der soziologische Tatbestand darin zu sehen, daß eine bestimmte Gesellschaft (nämlich die jüdische um 30 n. Chr.) durch ihre Führungsschicht eines ihrer Mitglieder (nämlich Jesus) mit schweren Sanktionen belegt hat; dabei darf nicht vergessen werden, daß das damalige politische System unter dem maßgeblichen Einfluß Roms stand – dessen Interessen sich keineswegs mit denen der Juden deckten.

Beide Systeme – das jüdische durch den Hohen Rat, das römische durch den Statthalter Pilatus – haben im Fall Jesu zusammengearbeitet, wobei die näheren Umstände durchaus strittig sind. Wahrscheinlich war es so, daß der Hohe Rat Jesus dem Pilatus übergeben hat, und der verhängte das Todesurteil. Jedenfalls wurde das Verhalten Jesu von beiden Instanzen als kriminell beurteilt, so viel steht fest. Was aber heißt kriminell?

Wie jedes abweichende Verhalten wird auch das kriminelle als Verletzung von Erwartungen definiert, die in einer Gesellschaft als legitim anerkannt sind. Die sozusagen stärkste Form solch legitimer Erwartungen stellt das geltende Recht dar, sei es in der Form geheiligter mündlicher Überlieferung – wie in den schriftlosen Kulturen –, sei es in der Form von schriftlich fixierten Gesetzen. Wer also solche Rechtsnormen verletzt, wird als Krimineller eingestuft und mittels der vorhandenen sozialen Kontrollen bestraft.

In der soziologischen Betrachtungsweise ist Kriminalität nicht ein Schimpfwort, sondern eine bestimmte Form gesellschaftlichen Verhaltens. Man kennt sogar Umstände, unter denen ein kriminelles Verhalten normal ist – beispielsweise der Genuß von Rauschgift unter farbigen Jugendlichen in bestimmten städtischen Slums in Amerika; wer in diesem Milieu niemals Rauschgift probiert hätte, wäre dort ein Außenseiter und würde von seinen Altersgenossen verachtet. Auch weiß man längst, daß ein von einer bestimmten Gesellschaft als kriminell geahndetes Verhalten in einer anderen als lobenswert gilt; Kriminalität schlechthin und überhaupt gibt es nicht.

Die Frage nach der Kriminalität Jesu kann also sachlich nur im Hinblick auf die geltenden Rechtsnormen jener Gesellschaft beantwortet werden, in der er gelebt hat. Wenn er sie verletzt hat, dann verhielt er sich kriminell, wenn nicht, dann ist seine Verurteilung despotischer Willkür entsprungen oder dem schon erwähnten Mißverständnis, oder sie ist auf einen Justizirrtum zurückzuführen.

Die Möglichkeit eines Justizirrtums wird man mit hoher Wahrscheinlichkeit ausschließen dürfen. Daß Jesus als sozial wohlangepaßte Persönlichkeit das Opfer einer politisch gerade opportun erscheinenden Intrige geworden wäre, liegt zwar im Bereich des Möglichen. Die Öffentlichkeit seines Auftretens jedoch – wodurch seine Lehren publik wurden –, vornehmlich aber sein freiwilliger Gang nach Jerusalem, der demonstrativen Charakter hatte und vielleicht sogar eine Entscheidung herbeiführen wollte, sprechen gegen diese Erklärung.
Die Möglichkeit einer eher willkürlichen Verurteilung Jesu durch Pilatus ist sicherlich nicht von der Hand zu weisen. Pilatus stand nämlich – aufgrund außerchristlicher Dokumente wissen wir das – durchaus im Ruf einer gewissen Härte. Es wäre ihm zuzutrauen, daß er mit einem lästigen und möglicherweise gefährlichen Schwarmgeist kurzen Prozeß gemacht hätte. Dagegen jedoch spricht immer noch die Tatsache, daß Jesus dem Pilatus erst aufgrund seiner Auslieferung von seiten der jüdischen Behörde in die Hände fiel; und diese hat den Fall Jesus freilich nach anderen Gesichtspunkten beurteilt, nämlich nach den vorhandenen Normen der jüdischen Gesellschaft – wodurch Willkür ausgeschlossen bleibt.
Somit bleibt als wahrscheinlichste Möglichkeit, daß der Grund des Konfliktes, der zur Anklage führte, im ganzen des Auftretens Jesu zu suchen ist, und zwar in der Weise, wie er sich über das Gesetz hinwegsetzte und die Autorität Gottes für sich in Anspruch nahm.
Jesu Verhalten, so dürfen wir schließen, war (nach den Normen seiner Gesellschaft) kriminell. Pilatus war der Exekutor eines Konflikts, in den Jesus mit seiner Gesellschaft geraten war; und freilich nicht ohne sein Zutun.
Eine Gesellschaft – in unserem Fall die jüdische zur Zeit Christi – deswegen moralisch schuldig zu sprechen, weil sie ihr geltendes Normengefüge gegen einen einzelnen Menschen verteidigte – in unserem Fall gegen Jesus –, mutet heute einigermaßen skurril an. Erklärbar wird diese moralische Verurteilung der Juden von seiten der Christen gleichwohl. Denn allmählich setzte sich im

Abendland mehrheitlich ein neues Normensystem durch, das dem alten jüdischen in manchem widersprach. Was zuerst nur in den christlichen Subkulturen des ersten Jahrhunderts n. Chr. als Anspruch gegen das Judentum geltend gemacht wurde, geriet später zum Gesetz gegen die jüdische Minderheit in Europa. Jesus – nunmehr bereits der Gott – mußte dann allgemein zu dem werden, als was ihn bereits die Evangelien zeichneten – zum unschuldigen Opfer eines verstockten Volkes. Der historische und soziologische Tatbestand freilich sieht anders aus. Jesu Verhalten war kriminell, und dafür hat man ihn bestraft.

Er ist von Sinnen

Umstritten war Jesus schon zu seinen Lebzeiten. Manche scheinen ihn für den wiederum auf die Erde zurückgekehrten Propheten Elija gehalten zu haben, andere priesen ihn als den ersehnten Messias. Jedoch fand sich auch noch eine weitere Erklärung. Sie wird im Johannesevangelium berichtet: er ist wahnsinnig.

Im Markusevangelium sind es die Verwandten Jesu, die sich wegen des von Jesus erregten Aufsehens aufmachen, um sich seiner zu bemächtigen; sie sagen: Er ist von Sinnen. Tatsächlich ist die Versuchung groß, die Außenseiterposition Jesu einfachhin damit zu erklären, daß er geistesgestört war; zumindest eine milde Neurose, so könnte man sagen, würde sein auffälliges Verhalten einigermaßen verständlich machen. Sozial schlecht angepaßte Menschen finden sich in der modernen Gesellschaft besonders häufig unter Jugendlichen und älteren Leuten; als psychologische Merkmale einer fehlenden Anpassungsfähigkeit werden angegeben: Negativität, Unzufriedenheit, Niedergeschlagenheit, ferner ein nach innen gerichtetes und wirklichkeitsfremdes Denken.

Bei Jesus wird man ohne viele Mühe die Mehrzahl dieser Kriterien erfüllt finden, wenn man nur will. Als sozial angepaßten Menschen kann man ihn jedenfalls beim besten Willen nicht bezeichnen; denn er stellte, wie bereits erwähnt, das Bestehende

insgemein in Frage – durch die Erwartung des baldigen Weltendes.
Womit allerdings – vom psychologischen oder auch psychiatrischen Gesichtspunkt aus – wenig gesagt ist. Um nämlich ein – nach heutigen wissenschaftlichen Gesichtspunkten verläßliches – Persönlichkeitsbild Jesu zeichnen zu können, würde man gewisse Informationen benötigen; beispielsweise Angaben über seine Körpermerkmale, seine familiäre Situation, die schichtspezifischen Bedingungen seiner Persönlichkeitsentwicklung. Hierüber jedoch geben die Quellen keine oder völlig unzureichende Auskünfte. Ferner kann Jesus keinem der üblichen Tests unterworfen werden, die man heute zur Erforschung der Persönlichkeit anwendet, und auch die sogenannte Exploration fällt natürlich weg. Kurzum, man weiß zuwenig. Aus seinen überlieferten Worten und Handlungen Rückschlüsse auf seine Persönlichkeit ziehen zu wollen, verbietet sich ebenfalls, wenn nämlich exakte Kriterien verwendet werden; wir haben bereits gesehen, daß das biblische Material hierfür erstens überhaupt zu fragmentisch und zweitens im einzelnen unverläßlich ist. In dieser Lage irgendwelche mehr oder weniger geistvollen Spekulationen etwa über das Verhältnis zwischen Genialität und Wahnsinn anzustellen, scheint unergiebig und wird daher gar nicht versucht.
Es bleibt also festzuhalten, daß in diesem Buch kein Versuch unternommen wird, eine psychologische Rekonstruktion der Persönlichkeit Jesu zu bieten. Sein außenseiterisches Verhalten bleibt psychologisch und psychiatrisch unerklärt. Die Annahme einer ernsten geistigen Erkrankung Jesu ist gleichwohl wenig plausibel. Zunächst einmal besteht – wissenschaftlich gesehen – von vornherein kein zwingender Zusammenhang zwischen außenseiterischem und seelisch abnormem oder pathologischem Verhalten. Einen solchen Zusammenhang unbedingt herstellen zu wollen ist daher keineswegs erforderlich; in unserem Fall besteht also keine Notwendigkeit, von der Außenseiterposition Jesu auf eine seelische Abnormalität oder Krankheit bei ihm zu schließen. Außerdem: von der Wirkung Jesu auf die Nachwelt aus gesehen – denken wir an die früher erwähnte Kategorie der

„maßgebenden Menschen“ –, wird die Wahnsinnshypothese in hohem Grade unwahrscheinlich. Oder, um es etwas direkter zu sagen: von einem Verrückten ist zumindest bis heute keine vergleichbare und langwährende Wirkung ausgegangen wie jene Jesu oder der mit ihm vergleichbaren historischen Persönlichkeiten.

Im klinischen Sinn geistesgestört, war Jesus aller Wahrscheinlichkeit nach keineswegs, das darf behauptet werden. Daß manche seiner Zeitgenossen ihn dennoch für einen Narren hielten, ist trotzdem beachtenswert. Offenbar war das Verhalten Jesu in den Augen dieser Menschen so wenig regelrecht, so wenig – um es im Soziologen-Jargon zu sagen – im Einklang mit den institutionalisierten Verhaltenserwartungen der damaligen Gesellschaft, daß manche Zeitgenossen zu jener Auskunft griffen, die auch heute noch anzutreffen ist, wenn ein einzelner oder eine Gruppe ungewöhnlich sich benehmen: Man bezeichnet solche schlichtweg als närrisch – und die Welt ist wieder in Ordnung.

Essen und Trinken

In einem Punkt scheint das Benehmen Jesu unauffällig gewesen zu sein, nämlich bei den Mahlzeiten. Als Gast tritt er jedenfalls öfter auf, und asketische Züge trägt er kaum. Bei Gastmählern läßt sich Jesus gerne antreffen, und einmal gibt es dabei einen richtigen Skandal. Eine Frau, die aus einem nicht näher bezeichneten Grund einen schlechten Ruf hat, küßt die Füße Jesu und salbt sie mit parfümiertem Öl, ohne daß sich dieser dagegen wehrt. Im Gegenteil: er verteidigt das unkonventionelle Benehmen der betreffenden Frau: Dein Glaube hat dich gerettet, geh hin in Frieden. Von der üblichen Starrheit der Asketen ist in dieser Legende nichts zu bemerken, und diese Haltung färbt auch auf die Jünger Jesu ab. Ausdrücklich sagt ihnen der Meister: Eßt und trinkt, was euch vorgesetzt wird.

Ausgerechnet in diesem Punkt nun, durch Anpassung an die allgemein üblichen Eßgewohnheiten, erregt Jesus Anstoß. Und zwar dadurch, daß er sich – soziologisch gesehen – von den Regeln seiner normativen Bezugsgruppe dispensiert.

Die Bezugsgruppentheorie besagt, daß sich der einzelne Mensch nicht nur an jenen Verhaltensregeln zu orientieren pflegt, die in seiner Gesellschaft allgemein in Geltung stehen, sondern daß er sich außerdem noch nach gewissen Standards richtet, die für ihn von spezieller Bedeutung sind – beispielsweise als Arzt, Lehrer oder Richter, aber auch als Bewohner einer Kleinstadt, Mitglied der High-Society oder eines Kegelklubs. Der einzelne fügt sich also nicht nur den allgemein anerkannten gesellschaftlichen Regeln, etwa dem Grundsatz: Leistung führt zum Erfolg. Er benimmt sich außerdem noch dem Kodex seiner Bezugsgruppe entsprechend, zum Beispiel: Ein Sportler lebt mäßig.

Die soeben skizzierte Bezugsgruppentheorie ist zum Verständnis dessen nützlich, was die Soziologen unter einem Rollenverhalten verstehen. Der einzelne Mensch spielt nämlich jene Rollen, die ihm von seinen verschiedenen Bezugsgruppen ins Drehbuch geschrieben werden. Weicht er vom Drehbuch ab, gerät er zu einem Außenseiter, und zwar immer hinsichtlich jener bestimmten Rollenerwartungen, denen er nicht entsprochen hat.

Im Falle Jesu läßt sich nun eine bestimmte Bezugsgruppe mit einiger Wahrscheinlichkeit isolieren, wenn auch nur in Umrissen. Es ist die Gruppe jener religiös begeisterten, asketischen Menschen, die es im damaligen Palästina offenbar gab und denen etwa Johannes der Täufer zuzuzählen ist. In dem begreiflichen Versuch, die Persönlichkeit Jesu irgendwo unterzubringen, sie sozial zu orten, zählten manche Zeitgenossen den Mann aus Nazaret zu den Asketen – und wurden prompt enttäuscht. Sie sagen zu Jesus: Die Jünger des Johannes fasten häufig und verrichten Gebete, ebenso auch die der Pharisäer; die deinigen dagegen essen und trinken.

Aus diesen Worten klingt eine enttäuschte Rollenerwartung. Wer wie Johannes der Täufer vom Weltende spricht und vom allgemeinen Gerichtstag, wer als Prediger und gar als Prophet auftritt, der muß asketisch leben. Der Täufer entsprach dieser Rollenerwartung; er nährte sich, wie erzählt wird, von Heuschrecken und wildem Honig. Von Jesus hingegen hörte man nichts dergleichen, und er wurde deswegen auch als Fresser und Säufer beschimpft.

Es ist nicht unwahrscheinlich, daß sich Jesus vor seinem öffentlichen Auftreten in asketischen Kreisen bewegt hat – manche Forscher haben ihn etwa den bereits erwähnten Essenern zugezählt. Andere meinen, Jesus hätte ursprünglich zur Gruppe um Johannes den Täufer gehört und sich dann von ihm gelöst; gewisse Rivalitäten, wie sie in den Evangelien zwischen Jesus-Jüngern und Anhängern des Täufers durchschlagen, würden in diese Richtung weisen.

Wie dem auch sei: Sobald Jesus öffentlich auffällt, gehört er nicht zur Gruppe der Asketen. Überdies bewegt er sich in Kreisen, die gesellschaftlich unmöglich waren: Ein Freund von Zöllnern und Sündern.

Diese Zöllner tauchen häufig in Zusammenhang mit Jesus auf. Einen Zöllner namens Levi zieht Jesus sogar in seinen Schülerkreis, und prompt veranstaltet der ein großes Festessen, wobei natürlich die Berufskollegen nicht fehlen. Ein anderes Mal übernachtet er ausgerechnet bei einem Zöllner namens Zachäus: Da murrten alle, die es sahen, und sagten: Bei einem Sünder ist er eingekehrt.

Die Zollpächter nämlich waren gesellschaftlich verfemt, denn sie trieben für die verhaßte römische Besatzungsmacht die Steuern ein – und wurden reich dabei. Ausgerechnet in dieser Gesellschaft konnte man Jesus beobachten. Heute würde man diese Kreise am ehesten der sogenannten Halbwelt zurechnen. Jesus scheint sich in dieser zweifelhaften Gesellschaft wohl gefühlt zu haben, so sehr, daß sich Lukas um eine entsprechende Erklärung bemüht: Der Menschensohn ist gekommen, um zu suchen und zu retten, was verloren war.

Ob Jesus selbst solch würdig pastorale Töne angeschlagen hat, mag dahingestellt bleiben. Weitaus heiterer klingt ein Ausspruch, den Jesus auf den Vorwurf bereithält, seine Jünger fasteten zuwenig: Könnt ihr denn die Hochzeitsgäste fasten lassen, solange der Bräutigam bei ihnen ist?

Der Bräutigam – das ist er selbst. Die Hochzeitsgäste – das sind die Seinen, die zu ihm Vertrauen haben. Das Wirken Jesu wird in diesem Ausspruch zu einem Fest, und fasten mag man dann, wenn er nicht mehr da ist.

Für gesellschaftliche Schranken ist bei derlei Veranstaltungen kein Platz: Gehet an die Straßenkreuzungen und ruft zur Hochzeit, wen immer ihr findet. Da gingen die Knechte auf die Straßen hinaus und brachten alle zusammen, die sie fanden, Böse und Gute, und der Hochzeitssaal wurde voll von Gästen.

Wer will, mag bei solchen Festen die Marseillaise oder gar die Internationale zur Tafel spielen. Wichtig ist, daß im gesellschaftlichen Verhalten Jesu Vorurteile beseitigt wurden.

Das Vorurteil nämlich darf als die Kehrseite des Spiegels der Bezugsgruppen bezeichnet werden. Gerade die Regelhaftigkeit der Verhaltenserwartungen hat nämlich ihre – längst bekannten und auch teilweise erforschten – Beschränkungen. Je inniger sich einer mit der ihm zukommenden Gruppe identifiziert, desto mehr neigt sein Sinn zur Verdunkelung des Bildes derer, die außerhalb dieser Gruppe sind; auf diese Weise entstehen Vorurteile. Die Rückseite des Spiegels ist dunkel beschichtet, wenn dieser Vergleich erlaubt ist.

Indem sich Jesus nicht mit den Asketen in einen Topf werfen läßt, hält er sich offen für jene, die er sonst von vornherein ablehnen müßte – die bösen Zöllner zum Beispiel. Sein Verhalten wirkt diesbezüglich bemerkenswert unbefangen und schafft ihm freilich bei jenen Feindschaft, die in verläßlicheren und damit auch eher starren gesellschaftlichen Kategorien zu denken gewohnt sind.

Dabei hätte es Jesus seinen Zeitgenossen viel leichter machen können, wäre er eindeutig als Asket aufgetreten. Hat es doch den Anschein, als ob diese Asketen sozusagen die etablierten gesellschaftlichen Außenseiter von damals gewesen wären, ähnlich den christlichen Pfarrern von heute. So wie heute von einem Pfarrer nicht selten erwartet wird, er müsse sich irgendwie anders verhalten als die übrigen Menschen, so stieß man sich damals wenig an den Bizarrerien religiös Ergriffener. Wenn zum Beispiel einer grundsätzlich keinen Wein trank und sein Haupthaar ungeschoren ließ, dann wußte jeder, daß hier ein sogenannter Nasiräer seinen Weg kreuzte, und regte sich weiter nicht darüber auf.

Geduldete und sozusagen vorgesehene Außenseiter dürfte es in vielen Gesellschaften geben. Wer heute zum Beispiel sich als Künstler zu stilisieren vermag, dem wird manches verziehen, was bei anderen gerügt würde. So mancher steht dann in der Zeitung, der zur richtigen Zeit, am richtigen Ort und in der entsprechenden Gesellschaft etwas Ungewöhnliches getan hat; dabei handelt es sich um eine durchaus geplante Außenseiterei, und die Qualitäten eines Hofnarren werden auch heute honoriert.

Für solche Possen dürfte Jesus kein geeignetes Modell abgeben; seine Außenseiterposition sollte nicht mit Dandyismus verwechselt werden, also mit Außenseiterei als Selbst-Stilisierung und Lebensprogramm. Wenn sich Jesus weigert, als Asket aufzutreten, so kann das freilich als feinster Snobismus modisch mißverstanden werden. In diesem Fall würde allerdings auf einen entscheidenden Punkt vergessen, nämlich auf das geradezu tödliche Risiko, das Jesus durch sein auffälliges Verhalten eingegangen ist – unter anderem auch dadurch, mit wem er gegessen und getrunken hat.

Ich aber sage euch

Sakrosankt war für die Gesellschaft, in der Jesus lebte, der siebente Tag der Woche. Mannigfache Vorschriften tabuierten den Sabbat als heiligen Tag, und der Kern dieser Regeln wurde von Moses und seinem Gesetz hergeleitet.

Jesus hat das Sabbatgebot gebrochen, wie mehrere Erzählungen in den Evangelien berichten. Ausgerechnet in einer Synagoge läßt Markus einen Mann mit einer „verdorrten" rechten Hand am Sabbat auftreten. Jesus holt ihn herbei und stellt an die anwesenden Gesetzeslehrer die entscheidende Frage: Ist es erlaubt, am Sabbat Gutes oder Böses zu tun?

Das Schweigen der Angesprochenen scheint feindselig gewesen zu sein, denn Jesus blickt seine Gegner zornig an, betrübt über „die Verhärtung ihres Herzens“. Und heilt den Patienten ohne viel Umstände. Eine solche Heilung aber war – zumindest in den Augen der Autoritäten – eine am Sabbat verbotene Tätigkeit, sozusagen eine Arbeit: Da gingen die Pharisäer hinaus und hielten mit den Herodianern Rat, um ihn zu verderben. Zwei einflußreiche Gruppen – Pharisäer und Herodianer – sind sich nach dem Vorfall über die Kriminalität des Verhaltens Jesu einig und beraten über Sanktionen gegen den Abweichler. Jesus hat sich über Moses gestellt, er leitete mithin seinen Anspruch nicht von Moses ab, was unerhört genug war. Jesus tritt kraft eigener Vollmacht auf, er ist ein Neuerer.

Die Mehrzahl der Fachgelehrten ist darüber einer Meinung, daß Jesus sich ausdrücklich auch in seinen Lehren über die Tora – das Gesetz des Moses – gestellt hat. Matthäus hat mehrere solcher Aussprüche in der sogenannten Bergpredigt überliefert, zum Beispiel jenen über das Schwören: Ferner habt ihr gehört, daß zu den Alten gesagt wurde: Keinen Meineid sollst du schwören. Ich aber sage euch: Ihr sollt überhaupt nicht schwören. Ja sei Ja, Nein sei Nein. Was darüber hinausgeht, ist vom Bösen.

Die Radikalität dieser möglicherweise von Jesus tatsächlich ausgesprochenen Forderung wird ohne weiteres daraus ersichtlich, daß sie sich auch innerhalb des Christentums nicht durchzusetzen vermochte. Bis heute wird bei bestimmten Gelegenheiten ein Eid verlangt, unter anderem vor Gericht, und geschworen wird vor dem Kruzifix – dem Bilde dessen, der vom Schwören nichts wissen wollte.

Jesus hat also durch Worte und Taten ein starkes Aber gegenüber dem herrschenden Normengefüge formuliert. Dieser Befund gestattet es nunmehr, die Außenseiterposition Jesu zu spezifizieren.

Robert K. Merton, einer der Väter der sogenannten strukturellen Soziologenschule in den Vereinigten Staaten, hat 1957 eine Typologie vorgeschlagen, die inzwischen eine gute Aufnahme in der Fachwelt gefunden hat. Sie eignet sich für eine Klassifikation außenseiterischen Verhaltens. Unter den fünf von Merton angeführten Typen individuellen Verhaltens findet sich nur einer, der nicht außenseiterisch ist, nämlich jener der Konformität. Die übrigen vier – Innovation, Ritualismus, Desinteresse, Rebellion – können als außenseiterisch gelten.

Daß Jesus kein Konformist war, bedarf nach allem bisher Gesagten keines Beweises mehr. Daß sein Verhalten nicht ritualistisch motiviert war, soll im übernächsten Kapitel gezeigt werden. Es bleibt also im Sinne der Typen von Merton eine engere Wahl von drei Möglichkeiten der soziologischen Klassifizierung des Verhaltens Jesu übrig: die der Neuerung, die des Desinteresses und die der Rebellion.

Den Typ des Desinteresses (engl. *retreatism*) wird man schwerlich auf Jesus anwenden können. Wohl hat Jesus, wie berichtet, mit einem baldigen Ende der Welt gerechnet; es wäre immerhin denkbar, daß sich einer aus solcher Gewißheit heraus still von allen Aktivitäten zurückzieht, um ausschließlich innerlich dem Ereignis entgegenzuwarten. Jedoch gerade diese weltflüchtige Einstellung finden wir bei Jesus nicht, eher das Gegenteil. Er mischt sich ein, und zwar nachdrücklich. Gleichgültigkeit gegenüber den bestehenden Verhältnissen ist nicht die Haltung Jesu; er ist kein Stoiker, und auch fernöstliche Versenkungslehren wie die des Buddha sind dem Wesen Jesu fremd. Nicht in der Abkehr vom Weltgetriebe äußert sich die außenseiterische Position Jesu; und wer als weltabgeschieden lebender Außenseiter sich auf Jesus berufen möchte, unterliegt einer historischen Täuschung. Das von Jesus verkündete baldige Weltende schlug sich also nicht in einer – durchaus naheliegenden – Stimmung souveräner Gelassenheit gegenüber den Zuständen nieder. Das mag psychologisch schwer einzusehen sein, bleibt aber Tatsache.

Die Kategorie der Rebellion hingegen scheint naheliegend zu sein, wenn jenes Ich-aber-sage-Euch im Auge behalten wird, und freilich steht Jesus in den Augen mancher Beobachter gar als Revolutionär da.

Die Frage nach dem Rebellentum Jesu wird später ausführlich

zu diskutieren sein; für jetzt darf der Hinweis genügen, daß sich für eine reale Revolte bei Jesus wenig Indizien finden; im starken, also revolutionär gewalttätigen Sinn, im real politischen auch, war Jesus kein Rebell. Jedoch in einem anderen Sinn, und sicherlich nicht im reformistisch gemilderten, war Jesus rebellisch genug: Ein Rebell gegen Gewohnheit und Herrenmacht ist am Kreuz gestorben, ein Unruhestifter und Löser aller Familienbande (Bloch).

Diese Art von Rebellion, als solche negativ protestierend gestimmt, gewinnt ihre Positivität in der innovatorischen Leistung Jesu: Siehe, ich mache alles neu.

Durch die Beschreibung des außenseiterischen Verhaltens Jesu als Neuerungswillen und Neuerungsleistung schöpferischer Art stellt sich nunmehr der Unterschied zwischen der Kriminalität Jesu und dem landläufigen Gangsterwesen, Ganoventum und Gaunerhandwerk deutlich heraus. Die Außenseiterei der landläufigen Kriminellen ist und war durchaus reaktionär, während Jesus das Neue anvisiert.

Der kleine oder auch der große Gauner reagiert nämlich lediglich gegen die Polizei, indem er ihr aus dem Weg geht oder – im Notfall – gegen sie kämpft. Polizei, Gericht und Gefängnis sind ebenso wie Banken, Geldtransporte und reiche Leute die unabänderlichen Kontrahenten des Gauners im Räuber-und-Gendarm-Spiel vergangener und gegenwärtiger Gesellschaften – jedenfalls in den Augen des gewöhnlichen Kriminellen. Eine Gesellschaft ohne Polizei nämlich ist für ihn gar nicht denkbar, denn in dieser würde es ihn nicht geben. Der uns geläufige Kriminelle ist ferner autoritär eingestellt; die aus einschlägigen Untersuchungen bekanntgewordenen Ordnungen in Gauner-Banden sind streng hierarchisch geregelt und äußerst rigoros. Zwar ist es der Forschung bislang nicht gelungen, verläßliche Zusammenhänge zwischen kriminellem Verhalten und bestimmten Persönlichkeitsmerkmalen herzustellen. Es darf jedoch vermutet werden, daß die Einstellung des herkömmlichen Kriminellen schon aufgrund der angeführten Indizien eher zur Konservativität neigen wird; eine Frau, die im ältesten Gewerbe der Welt

tätig ist, wird zum Glauben an die fundamentale Unveränderbarkeit des Bestehenden neigen. Die Dirne ist das vielleicht beste Beispiel für die Haltung des resignierten Scharfblicks. Und von da bis zum Zynismus ist es nicht sehr weit.
Dennoch hat Jesus den Umgang mit derlei anrüchigen Kreisen nicht gescheut. Haben sie ihn vielleicht deshalb akzeptiert, weil er ihren Scharfblick teilte, nicht aber ihre Resignation? Weil er Resignation in Beschwingtheit umschlagen ließ? Sicher ist, daß Jesus Neuheit insgesamt im Sinn hatte, mitsamt Vernichtung des Alten in der kosmischen Katastrophe des baldigen Untergangs. Die herkömmlichen Ordnungen standen für ihn an ihrem Ende, und die Zukunft nannte er: das Reich Gottes. Die Erhaltung des Bestehenden, also Konservativität, lag somit nicht im Interesse Jesu.
Worin aber lag die Neuheitsleistung Jesu?
In der bloßen Ankündigung des Weltendes jedenfalls nicht, denn derlei konnte man auch von Johannes dem Täufer hören. Die allgemeine Stimmung der Menschen in Palästina war ohnehin erregt, Messiasse traten auf, fanden Anhänger und verschwanden wieder. Die großen – und erfolglosen – Aufstandsbewegungen der Juden nach dem Tod Jesu (66–70; 132–135) gegen die Römer sind Belege für die Unruhe in der jüdischen Gesellschaft; wer damals Umsturz predigte, sagte im Grunde nichts Neues.
Auch der Zulauf, den Jesus erhielt, war damals nicht ungewöhnlich; andere hatten ihn auch. Teufelsaustreiber, Krankenheiler, Wundermänner gab es viele, ebenso wie asketische Heilige, glühende Prediger, gesetzeskundige Rabbis. Nicht einmal die Hinrichtung Jesu stellt einen unerhörten Vorfall dar; man war diesbezüglich keineswegs zimperlich.
Es ist, vielleicht mit Recht, gesagt worden, daß Jesus in allen lehrbaren Inhalten gar nicht neu sei. Das heißt aber, daß wir die Frage nach der Art der Neuheitsleistung Jesu wissenschaftlich nicht beantworten können. Historisch gehört Jesus zur biblischen jüdischen Religion. Wie wir noch sehen werden, steht Jesus in der prophetischen jüdischen Tradition und in Opposi-

tion zu priesterlichen Verfestigungen. Der jüdische Gottesgedanke jedoch bleibt ein tragender Grund für das Selbstbewußtsein Jesu; Jahwe wird von ihm keineswegs abgeschafft.
Jenes Ich-aber-sage-Euch stellt also nicht den völligen Bruch mit jedweder Vergangenheit dar; Abraham und Moses bleiben als Vorläufer im Recht, und der Gott des Auszuges der Juden aus Ägypten ist auch jener, den Jesus mit Vater anredet. Sogar der Liebesappell Jesu, jene uns wohlvertraute Nächstenliebe, ist in ihrer Formulierung nicht neu; sie ist ein Zitat aus älteren Schriften der Bibel.
Wenn die Art der Neuheitsleistung Jesu sich der wissenschaftlichen Analyse entzieht (obwohl sie als Tatsache feststeht), dann ist das weitere Nachdenken deshalb noch nicht verboten.
Wir fühlen, daß selbst, wenn alle möglichen wissenschaftlichen Fragen beantwortet sind, unsere Lebensprobleme noch gar nicht berührt sind (Wittgenstein). In der Tat: Lebensprobleme stehen allemal hinter der Beschäftigung mit Jesus, mag sich das Interesse an seiner Person nun wissenschaftlich kühl, pfarrerhaft dogmatisch, angriffslustig kritisch oder anteilnehmend kundtun. Wenn also die Beschäftigung mit Jesus nicht unbedingt aus jenen Beweggründen geschieht, die einen Sammler seltener Schmetterlinge bewegen, so soll dennoch und zunächst einmal eine gewisse Verläßlichkeit der Analyse erreicht werden.
Das Resultat der bisher angestellten Überlegungen mag daher – von den Lebensproblemen her gesehen – eher dürftig sich ausnehmen; zumindest aber ist es einigermaßen verläßlich. Es lautet: Die Außenseiterposition Jesu steht fest und entsprang seinem radikalen Willen zur Neuerung. Die Radikalität Jesu führte zum Konflikt mit der Gesellschaft, in welcher er lebte und nach deren Standards sein Verhalten als kriminell zu gelten hat: Wir haben ein Gesetz und nach diesem Gesetz muß er sterben.

Jesus oder Christus

Und an Jesus Christus, Gottes eingeborenen Sohn – diese bis in das zweite nachchristliche Jahrhundert zurückreichende Bekenntnisformel wird auch heute von vielen Christen gebetet. Aus neueren soziologischen Erhebungen geht hervor, wie hoch der Grad der Zustimmung zu jenem Satz unter katholischen und evangelischen Christen tatsächlich ist. Ob Jesus Gottes Sohn sei – darauf antworteten beispielsweise in Detroit (USA) 88% bejahend, in Rom (Italien) 79%, in Salzburg (Österreich) 59%, in der Bundesrepublik Deutschland 42%. Die restlichen Befragten sahen in Jesus eher einen großen, bedeutenden Menschen; manche allerdings mochten nicht einmal akzeptieren, daß Jesus überhaupt gelebt habe.
Für *Karl Jaspers* ist – wie bereits erwähnt – Jesus einer der vier „maßgebenden Menschen" (neben Sokrates, Buddha, Konfuzius). Ein Mensch wirkte hier als schlechthin gut, das kam noch nicht vor – so *Ernst Bloch*. Von den Philosophen, Essayisten und Gelehrten wird Jesus weithin als Mensch bedacht und gesehen; immerhin hatte bereits *Friedrich Hegel* vor rund 150 Jahren eingeladen, das Leiden des menschgewordenen Gottes in der ganzen Wahrheit und Härte seiner Gottlosigkeit philosophisch zu denken. Denn das Gefühl, worauf nach Hegel die Religion der neuen Zeit beruht, ist der unendliche Schmerz, daß Gott selbst tot ist – gestorben mit Jesus am Karfreitag. Dieser unendliche Schmerz, wie ihn Hegel zu seiner Zeit nannte, mag sich heute in eine gewisse Gleichgültigkeit angesichts der Bekenntnisformel von der Gottessohnschaft Jesu bei vielen Zeitgenossen gewandelt und gemildert haben – sie spricht nicht mehr zu ihnen, bewegt sie kaum.
Die konfessionellen Theologen, selber zweifelnd und verzweifelt über ein Volk, das nicht einmal zum Zweifel mehr zu bewegen

ist, bleiben mit ihren Denkversuchen meist unter sich. Ihre kompliziert geschriebenen Traktate finden nur ein kleines Publikum. Die Theologen – Exegeten eingeschlossen – stellen soziologisch gesehen eine „kognitive Minderheit" dar (Berger) – ihre Meinungen und Überzeugungen bleiben weithin unbeachtet und desgleichen die Sache Jesu, wie sie von ihnen vertreten wird. In dieser Lage wird der Wunsch der Popsängerin Joan Baez verständlich, die nach einem frischeren Jesus als dem der Kirchenmänner ruft – come around, Jesus.
Diese Frische eines unbefangenen Jesusbildes scheint unter einer Schicht von Schutt zu liegen. Es sind dies die Gewohnheiten der Völker und gläubigen Massen mit ihrem scheinbar unausrottbaren Reservoir an Verehrungsbereitschaft und Projektionsbedürfnis, einverständlich bedient von Religionsdienern und Glaubensverwaltern. Die hinter diesem Vorgang liegenden Gesetze sozialpsychologischer Art sind heute in Umrissen erforscht. Ihre Mitteilung schien nützlich, auch wenn sie mit dem Gegenstand dieses Buches wenig zu tun haben. Man kann dieses Kapitel überschlagen.

Wer mir nachfolgt

Die Sache beginnt mit einer Einladung aus dem Munde Jesu, ihn auf seinem Weg zu begleiten; das nämlich bedeutet der Ausdruck im griechischen Original der betreffenden Texte aus den Evangelien. Bei Markus etwa: Wenn einer mir nachfolgen will, verleugne er sich selbst und nehme sein Kreuz auf sich; dann folge er mir nach.
Oder im Johannesevangelium, in Variation der Originalmelodie: Wer mir nachfolgt, wird nimmermehr in der Finsternis wandeln, sondern das Licht des Lebens haben.
Der Vorgang ist schlicht genug, das Muster erkennbar. Einer läuft Jesus zu, fragt: Was muß ich tun? Die Antwort darauf: Verkaufe alles, was du hast, gib es den Armen. Dann komm und folge mir nach.

Es wird hier eine Beziehung hergestellt, die Beziehung zwischen Lehrer und Schüler, zwischen Meister und Jünger. Die Schüler begleiten Jesus auf seinen Wanderungen, sie wollen von ihm lernen. Manche von ihnen sind ihm besonders teuer (worüber noch ausführlicher zu reden sein wird); Petrus sagt in deren Namen einmal zu Jesus: Zu wem sonst sollten wir gehen. Jesus also ist der Lehrer, die Jünger sind seine Schüler. Das ist der christliche Ausgangspunkt, wie *Kierkegaard* bemerkt hat. Für alle jene, die keine Zeitgenossen Jesu sind und dennoch von ihm lernen wollen, erhebt sich die Frage nach dem „Schüler zweiter Hand“. Sie alle, Heilige und Kirchenweiblein, folgen Jesus nicht mit leiblichen Schritten nach, denn in seiner Leibhaftigkeit ist er längst entschwunden.

Der Lehrer ist also der Gott; es gibt keinen Schüler zweiter Hand – so Kierkegaard mit kräftiger Pointe. Denn auch aus dem allerfeinsten geschichtlichen Detail über Jesus, so behauptet der große Däne, kann man nicht den Glauben herausdestillieren; was zählt, sei einzig jenes Historische: daß der Gott in menschlicher Gestalt erschien. Und die Absurdität dieses Glaubens würde dann jegliches Kleinliche verschlingen – also auch die Mühe detaillierter wissenschaftlicher Analyse (wie sie auch in diesem Buch unternommen wird).

Dergestalt gräbt der Glaube an den Gott Jesus dem wissenschaftlichen Interesse das Wasser ab, und jedermann kann zum Jünger werden gleich dem Petrus oder Johannes, es gibt dann keinen entscheidenden Unterschied zwischen den Zeitgenossen Jesu und den gläubigen Nachfahren der ersten Anhänger. Sie alle sind wesentlich gleich. Soweit Kierkegaard, die wohl originellste theologische Stimme der Neuzeit, neben Hegel (der von Kierkegaard scharf kritisiert wurde).

Jedoch die moderne Wissenschaft läßt sich die forschende Neugier nicht verbieten, auch wenn dadurch für den Glauben nichts herausspringen sollte. Sie versucht beispielsweise, den seelischen Vorgängen nachzuspüren, die in einem gläubigen Menschen vor sich gehen, wenn er sich mit Jesus als dem Gott befaßt. Etwa im Falle Martin Luthers, in exemplarischer Weise.

Die erste Messe

Ein international angesehener Psychoanalytiker, *Erik H. Erikson*, hat in einer Studie über den jungen Mann Luther die inneren Kämpfe dieses für die neuzeitliche Entwicklung so wichtigen religiösen Genies sorgfältig untersucht. Aus seinen Ausführungen geht deutlich hervor, wie entscheidend für den Reifungsprozeß Luthers die Auseinandersetzung mit Christus war. Die erste Messe des zum Priester geweihten jungen Mönches Martin – er war damals 23 Jahre alt – wurde festlich begangen. Auch der Vater Luthers, der die geistliche Laufbahn seines Sohnes keineswegs begrüßte, war anwesend, als Martin das erstemal zum Altar schritt. Nach der Wandlung überfiel den Neupriester tiefer Schrecken, am liebsten wäre er davongelaufen. In jenem Augenblick nämlich hatte er die Gegenwart des Altarsakramentes – also Christi – vor sich und spürte die Anwesenheit des ihn immer noch ängstigenden Vaters im Rücken. Später hat Luther über diesen Vorfall des öfteren gesprochen und bemerkt, daß „kein Glaube da war". Martin hatte damals keinen lebendigen Begriff von Christus. Er wird zwischen seinem irdischen und seinem göttlichen Vater im Gehorsam hin und her gerissen. Er hatte, wenn man so will, etwas übersehen, das ihn später persönlich weiterbringen und seine Wirkung begründen sollte: die Mittlerschaft Christi. Fünf Jahre später nämlich, als der junge Luther seine ersten Vorlesungen in Wittenberg hielt, entdeckte er Christus in sich selbst. Und zwar nicht als einen Fremden, der für alle Menschen, also an unserer Statt gestorben ist, auch nicht als eine Idealgestalt, die man nachahmt oder unterwürfig verehrt. Letzteres wäre – in der Ausdrucksweise Eriksons – lediglich ein neurotisches Nachgeben gewesen. Luther gelangte jedoch dahin, sein eigenes Antlitz in das des Gekreuzigten hineinzuzeichnen, wic Albrecht Dürer das bildlich getan hat.

Für eine Weile rettete Luther den Erlöser vor Tiara und Zeremoniell, Hierarchie und Gedankenpolizei und gab ihm den Platz zurück, von dem er einst gekommen war, der Seele des Menschen (Erikson). Durch die positive Identifikation mit Jesus ist

Luther eine Heilung seiner selbst aus furchtbaren inneren Kämpfen gelungen; indem Christus zum Kern der christlichen Identität wurde, verlor Gott die Eigenschaften eines irdischen Vaters, dessen Stimmungsschwankungen dem Sohn unverständlich sind. Aus dem Zorn Gottes war Erbarmen geworden; mit dieser Vorstellung konnte Luther Gott schließlich verzeihen, daß er ein Vater war.

Allgemeiner und auch schärfer hat *Sigmund Freud* (in „Totem und Tabu") die psychologische Bedeutung Christi gekennzeichnet: Mit der gleichen Tat, welche dem Vater die größtmögliche Sühne bietet, erreicht auch der Sohn das Ziel seiner Wünsche gegen den Vater. Er wird selbst zum Gott neben, eigentlich an Stelle des Vaters. Die Sohnesreligion löst die Vaterreligion ab. Zum Zeichen dieser Ersetzung wird die alte Totemmahlzeit als Kommunion wieder belebt, in welcher die Brüderschar vom Fleisch und Blut des Sohnes, nicht mehr des Vaters, genießt, sich durch diesen Genuß heiligt und mit ihm identifiziert.

Die Identifikation mit Christus also kann – in psychoanalytischer Terminologie – der despotischen Willkür des Himmel-Vaters entgegenwirken. Im Falle Luther hatte dieser innere Prozeß heilende Wirkung und brachte – nach dem Urteil Eriksons – die christliche Ideologie um einen bedeutenden Schritt vorwärts. An diesem Punkt unserer Diskussion erhebt sich nun allerdings die Frage, warum erst Luther in seiner Auseinandersetzung mit Christus jenen Schritt getan hat, zu dem die Christenheit immerhin rund 1500 Jahre Zeit gehabt hatte. Wir stoßen damit auf einen Vorgang massenpsychologischer Art, der schon früh eingesetzt hat und die Herausbildung jener Kirchengestalt möglich machte, gegen die Martin Luther schließlich revoltierte.

Vergottung

Für Paulus, den Missionar Jesu, mochte ein durchschlagender Erfolg seiner Lehre von dem gekreuzigten Heiland noch in weiter Ferne liegen: Den Juden ein Ärgernis, den Heiden eine Torheit.

Als die Ära der Christenverfolgung jedoch zu Ende ging, waren im römischen Weltreich immerhin schätzungsweise zehn Prozent der Bevölkerung Christen. Weitere 150 Jahre später bildeten sie die überwiegende Mehrheit und fingen an, sich auch unter jenen Völkern auszubreiten, die in das Erbe der Römer einzutreten im Begriffe standen – den Germanen und Slawen.

In rund 500 Jahren war all das gelungen. Mit diesem Ausbreitungserfolg steht das Christentum nicht allein; auch Islam und Buddhismus entwickelten eine ähnlich kraftvolle Wirkung in Kulturen hinein, die von jener ihrer Entstehung verschieden waren – so beispielsweise der Buddhismus in Südostasien und China, der Islam in Persien und Nordafrika. Der Historiker *Arnold Toynbee* hat dieses Phänomen in einen Zusammenhang mit dem Verfall der jeweiligen Universalstaaten gebracht, die der Entstehung der betreffenden Weltreligionen vorangingen. Diese Theorie beruht zweifellos auf historischen Tatsachen. Sie weist allerdings den Fehler auf, aus dem Nacheinander zweier Ereignisse auf deren ursächlichen Zusammenhang zu schließen, was nicht unbedingt der Fall sein muß, wie die Logik lehrt.

Wir sind jedoch berechtigt, aus der Ähnlichkeit der Ausbreitungsgeschichte der großen Religionen auf ein Gesetz zu schließen, dem alle drei unterworfen waren. Diesen Schluß hat *Max Scheler* († 1928) gezogen.

Der folgenschwerste, durchaus nur soziologisch bedingte Vorgang in der Geschichte der Stifterreligionen – der Vorgang, der allein eine eigentliche Kirchenbildung und den Anspruch der Kirche auf absolute Autorität in Heilsdingen möglich macht – scheint überall, wo solche Gebilde entstanden sind, derselbe zu sein: die gegenständliche, mehr oder minder tiefgreifende, bald so, bald anders formulierte Vergottung des Stifters (Scheler). Buddha und Jesus sind nach Scheler zunächst und am Beginn Vorbilder gewesen, mit denen sich ihre Anhänger zu identifizieren trachteten, deren Weisungen man befolgt, deren Lehren man Glauben schenkt.

Alsbald aber setzt ein Vorgang ein, der aus den Vorbildern kultisch verehrte Andachtsgegenstände macht, indem man ihnen gleichzeitig einen Ursprung aus der Gottheit zuschreibt. Dieser Prozeß setzt im Falle Jesu bereits bei Paulus ein, nämlich als Kult des erhöhten Christus, und ist im Johannesevangelium (entstanden am Ende des ersten nachchristlichen Jahrhunderts) bereits voll da: Jesus als Licht und Leben, als Sohn Gottes durchaus.

Der Vergottungsvorgang hat nach Scheler eine doppelte Wirkung insbesondere für die große Masse der Gläubigen. Einmal wird der Stifter kraft des ihm zugesprochenen Ausnahmeverhältnisses zur Gottheit eine absolute Autorität und erlaubt der ihm ergebenen Gruppe ein hohes Selbstbewußtsein und den damit verbundenen inneren Zusammenhalt. Zum anderen aber handelt es sich bei der Vergottung um einen Entlastungsvorgang. Die Gemeinde wird nämlich gerade dadurch von dem immerhin nicht allzu leichten Anspruch zur Nachfolge des Stifters entbunden, indem dieser Stifter zum Gott gemacht wird; kann sich doch ein Mensch nicht mehr ernsthaft messen an einem Wesen, das definitionsgemäß Gott oder doch göttlichen Ursprungs ist. Mit der Vergottung ist mithin eine Entfremdung, Entfernung des Stifters geleistet; als jenseitig Distanzierter wird er wohl angebetet, nicht aber ernstlich nachgeahmt.

Nach der Auffassung Schelers lag der Erfolg der großen Religionen genau im Vergottungsvorgang begründet. Er machte es möglich, viele Menschen dem neuen Glauben zuzuführen, ohne ihnen die Kompromißlosigkeit der ursprünglichen Jüngerschaft zumuten zu müssen. Die Geschichte gibt Scheler in diesem Punkte durchaus Recht; denn in allen großen Religionen war es bislang immer nur ein verhältnismäßig kleiner, innerer Kreis, der den hohen Ansprüchen der Gründergestalten unter Hintansetzung sonstiger Interessen nachzuleben sich mühte. Sie dienten – in dem uns vertrautesten Fall – dazu, den andern, den vielen, die zwar Christen heißen, aber nicht wie Christen leben können, immer wieder solche, die es wirklich sind, vor Augen zu führen (Canetti). Für die vielen Schwachen aber – wiederum nach Scheler – gibt es die Heilsmassenanstalten, die großen Kirchen. Sie existieren als Folgeerscheinungen des einen Grundvorganges,

nämlich der Vergottung des Stifters. Sobald nämlich der ursprüngliche Vorgang der Nachfolge in Verehrung umgeschlagen ist, gerät die Leistung des Gründers zum bereitliegenden Gnadenkapital, verwaltet von der Priesterschaft. Bei Befolgung bestimmter Regeln, die man nicht gut als hart empfinden kann, kann jedermann von diesen Schätzen haben – ein Blick etwa auf die noch heute übliche Taufpraxis der großen christlichen Kirchen bestätigt diese These.
Die Vergottungstheorie stellt einen wissenschaftlich brauchbaren Ansatz zur Diskussion für die Ursachen jener Transformation dar, wie sie Jesus widerfahren ist. Durch die Vergottung wurde recht eigentlich das verhindert, was Martin Luther neu für sich zu leisten versuchte – die positive Identifikation mit Jesus. Denn je jenseitiger Jesus wurde, je höher sein Thron stand im Himmel, desto geringer war die Chance, diese Herrengestalt als Vorbild sich anzueignen. Dieser Nachteil bildete die Voraussetzung dessen, was dann als christliches Mittelalter in Europa Gestalt gewann, in der Neuzeit verfiel und heute zu Ende geht.

Komm nicht wieder

Diese Aufforderung an Jesus kommt aus dem Munde des neunzigjährigen Kardinal-Großinquisitors – allerdings nur im Roman. In den „Brüdern Karamasoff" erzählt *Dostojewskij* die seither berühmt gewordene Begegnung zwischen dem Kirchenfürsten und dem wiederum zur Erde gekommenen Jesus. Dieser spricht in der fiktiven Begegnung übrigens kein Wort; nur der Repräsentant der Kirche äußert sich. Und sein Monolog ist freilich ein einziger Vorwurf für Jesus: Auf Jahrhunderte hinaus hast du des Menschen Seele belastet mit den Qualen deiner Freiheit. Du hast zu hoch von den Menschen gedacht. Der Mensch ist schwächer und niedriger geboren, als du von ihm glaubtest.
Was hier – bisher wohl unübertroffen – in dichterischer Gestaltung formuliert wurde, wird von der Geschichte bestätigt, und

zwar von der Geschichte des christlichen Anti-Semitismus vom heiligen Johannes Chrysostomus († 407) über Martin Luther zu Adolf Hitler. Die Theorie von der Vergottung des Stifters wird sozialpsychologisch gesehen durch den christlichen Judenhaß durchaus bestätigt; beides entspringt nämlich ein und demselben Beweggrund – dem unterdrückten Wunsch, gegen Jesus und seinen Anspruch zu revoltieren.
Wir zitieren aus einer sozialpsychologischen Arbeit: Der Angriff gegen die Juden, die des Gottesmordes beschuldigt werden, dient dem Antisemiten als Abwehr gegen die Einsicht in seinen eigenen Wunsch, gegen die Einschränkungen der christlichen Moral zu revoltieren. Der Antisemit erreicht dies, indem er seine eigenen Vernichtungswünsche gegenüber Jesus auf die Juden überträgt. Die psychoanalytische Theorie spricht in solchen Fällen von Projektion – einer der wichtigsten Verteidigungsmaßnahmen des Ego gegen Forderungen sowohl des Es als auch des Über-Ich.
Die aggressiven Impulse des Christen gegen Jesus, der Unmögliches von ihm verlangt, werden also dadurch befriedigt, daß durch Projektion ein äußerer Feind geschaffen wird – eben die Juden. Mit äußeren Feinden umzugehen, ist man besser gerüstet als mit inneren – der Jude wird verbrannt, und Jesus bleibt unbehelligt. Noch mehr sogar: man kann die Aggressivität gegenüber Jesus kollektiv vergessen.
Es spricht für das Genie Dostojewskijs, daß er eben diese Feindseligkeit gegenüber Jesus ans Licht bringt und sie ausgerechnet einem Kardinal in den Mund legt. Richtig gesetzt ist dann auch der Ausspruch des Großinquisitors: Wir werden gezwungen sein zu lügen.
Das 4. Jahrhundert ist das fatale Jahrhundert für die Juden. Im selben Jahrhundert begannen die ersten allgemeinen christlichen Kirchenversammlungen in der entstehenden Reichskirche; auf diesen Konzilien wurden auch die grundlegenden Dogmen von der Gottessohnschaft Jesu formuliert. Der Zusammenhang zwischen Vergottung und Judenhaß ist nicht nur sozialpsychologisch erklärbar, er läßt sich auch geschichtlich gut erkennen.
In der Vergottung also unterwirft sich die Masse der Gläubigen

dem erhöhten Christus völlig, freilich – wie besprochen – ohne sich mit ihm zu identifizieren. Die verbleibenden aggressiven Impulse gegen eben diesen Christus werden auf die Juden abgeleitet. Der Mensch Jesus, der Jude Jesus wird in diesem Prozeß gründlich verdrängt, vergessen – allerdings nicht mit vollem Erfolg, wie sich bald zeigen wird.

Immerhin hat sich die Christenheit durch Vergottung und Judenhaß vom herben Anspruch der Nachfolge Jesu weitgehend entlastet und kollektiv wirksam entlastet. Der in den Apsiden antiker christlicher Kirchen thronende Christus-König ist hierfür der Beleg.

Zwar wird am Glauben an die Wiederkehr Christi formell festgehalten, und angstvoll genug. Wenn Jesus wiederkommt, wird er nämlich Gericht halten und die Schafe von den Böcken scheiden. Wer weiß dann schon, auf welche Seite er zu stehen kommen wird. In dieser Angst rächt sich kollektiv, was ebenso kollektiv unterlassen wurde, nämlich die Auseinandersetzung mit dem realen Jesus. Und unter dieser Angst vor dem richterlichen Jesus bleibt der Wunsch durchaus vorhanden: Komm nicht wieder, bleib wo du bist.

Wahrhaft Mensch

In der beschriebenen Bewußtseinslage haben viele Menschen gelebt, 1000 Jahre lang, im christlich gewordenen Europa. Ihre moralische Gestalt zu bewundern fällt zumindest nach Auschwitz schwer, trotz gotischer Dome. Diese freilich bekunden die imposant wirkende Geschlossenheit eines Weltbildes, in dem Jesus längst zum All-Herrscher geworden war. Von seinem himmlischen Thron herab regiert Christus der Gott über alle Zonen und Wesen des Alls – so *Wolfram von den Steinen*, als ausgezeichneter Kenner des Mittelalters. Die Menschen lebten in kleinen, armseligen Holz- und Lehmhäusern und türmten ihres Gottes Häuser steinern, frei und reich, riesenhaft dem Himmel entgegen. Noch die Pfalzen von Kaiser oder Papst, selber

Symbole der Gottesmacht, nahmen sich neben den Domen sehr bescheiden aus. Man kleidete sich in derbe Stoffe; sogar vielen Rittern war ein warmer Wintermantel, der dann zugleich als Schlafdecke diente, eine kaum erreichbare Kostbarkeit. Aber die erlesensten Stoffe, die vielfältigsten Gewandungen lagen den Bischöfen, Priestern und Diakonen wie auch dem Kaiser und König bereit, wenn sie den mannigfachen Dienst des Königs der Könige begingen.

Dieser König der Könige war Jesus – mit dem heiligen Geist in der Glorie Gottvaters. So sang es der Chor beim Hochamt, so verstanden es die Menschen, wenn sie das Kreuz schlugen. Selbst der Hostien-Jesus, Speise durchaus, wurde eher verehrt denn verzehrt; aufbewahrt in kunstvollen Sakramentshäuschen, mit Weihrauch bedacht in der goldenen Monstranz war Jesus auch in der Gestalt des heiligen Brotes in die Ferne gerückt. Aus seiner himmlischen Distanz griff der Christus-König freilich ins irdische Regieren deutlich ein; er ist es nämlich, der den Kaiser krönt und damit legitimiert. Um 1050 läßt Heinrich III. ein Widmungsbild für eine Evangelienhandschrift anfertigen, die er der Kirche in Goslar stiftet. Auf dieser Darstellung ist es der thronende Christus, der dem Kaiser und seiner Gemahlin die Kronen reicht. Mit der Vergottung des Stifters wurde die abendländische christliche Kirche zum wichtigsten Bundesgenossen des politischen Systems, mit diesem selbst noch im Streite eng verbunden; Thron und Altar stützten einander, und wenigstens diese Ideologie hat sich lange gehalten, bis weit in die Neuzeit hinein. Jesus war – in geradezu genauer Umkehr seiner geschichtlich verbürgten Außenseiterposition – zum Garanten irdischer Herrschaft geworden. Seine Position auf dem überirdischen Thronsessel verkörperte in ruhiger Unbeweglichkeit das grundlegende Prinzip gesellschaftlich und politisch wirksamer Macht – Stabilität.

Erstaunlicherweise hat Jesus jedoch gegen diese Art von Inthronisierung hartnäckig Widerstand geleistet. Der Stall am Anfang, der Galgen am Ende paßten trotz aller Vergoldungen immer noch schlecht zum späteren Christkönig. Die Erinnerung an den realen Jesus wirkte über die Jahrhunderte hinweg – kraft der Bibel, die wohl tendenziös ausgelegt, aber nicht vergessen werden konnte. Nachfolge Christi war auch bei noch so großer Verinnerlichung und Spiritualisierung primär eine historische und dann erst eine metaphysische Erfahrung; dies konkrete Wesen Christi war seinen Gläubigen wichtig, es gab ihnen, in betäubender Schlichtheit, was kein Kultbild oder Himmelsbild hätte geben können (Bloch).

Vorab der Schmerzensmann begann sich im Hochmittelalter neu zu regen. Die Kreuzzüge hatten jenes Land dem frommen Sinn nahegebracht, wo Jesus real gelebt hatte. In den Klöstern der neu entstehenden Orden betrachteten die Mönche und Nonnen den Menschen Jesus. In seinem Leiden: Darum führe ich Jesu Kreuz und Leiden so oft im Munde – so *Bernhard von Clairvaux* († 1153). Herr Christe, Gottes Sohn, um der Angst willen, womit dein heiliges Herz umfangen war, da du deine heiligen Glieder zum Leiden dahingabest – so der Anruf eines Gebetes aus dem 12. Jahrhundert, wohl mit Gottessohnschaft, aber auch mit wirklicher Angst durchwirkt. Dann Bilder und Statuen. Jesus als Schmerzensmann mit der Dornenkrone, in Tirol Christus im Elend genannt, schlägt als Ecce Homo kräftig durch – das Jesusbild wird zum Menschenbild schlechthin, diesfalls zum Bild des Geschundenen überhaupt, noch ohne Aufsässigkeit. Dasselbe findet sich in der Vorliebe für die Darstellung des Leidens Christi in allen seinen Stationen, mit zeitgenössisch gekleideten Soldaten drumherum, damit keiner meine, ihn ginge das nichts an.

Starke Wirkung ging ferner aus vom armen Jesus, und nicht immer war sie so sanft wie bei *Franz von Assisi* († 1226). Ohne erkenntlichen Führer war im 11. Jahrhundert eine Art Volksbewegung entstanden, und die begnügte sich nicht mit der frommen Betrachtung der fünf Wundmale Christi. Von der Aufmerksamkeit auf einen besitzlosen Jesus fiel mancher Seitenblick auf begüterte Klöster und Stifte, wohl auch auf eine Kirche der Herren überhaupt (darüber später). Die wiederum setzte sich kräftig zur Wehr; der Ausdruck „Ketzer“ stammt aus dieser

Zeit. Selbst die Jünger des heiligen Franziskus waren schwer zu bändigen; bis ins 14. Jahrhundert ging der Streit um eine These aus den Kreisen der Bettelmönche, derzufolge weder Jesus noch die Apostel Eigentum besessen hätten – nach Ansicht ihrer Vertreter der höchste Ausdruck der Vollkommenheit. Auch ohne Zeitung verbreitete sich solch subversives Gedankengut schnell von Brabant bis Böhmen und wirkte lange nach.
In alledem regte sich ein Jesus, dem – unbeschadet seiner Gottesnatur – immerhin das Menschenwesen ausdrücklich und offiziell attestiert worden war: wahrhaft Gott, wahrhaft Mensch. Diese dogmatische Formel aus dem 5. Jahrhundert behielt zumindest theoretisch ihre Geltung unter den Theologen, wenngleich die ihre Spekulationen lieber dem Gottessohn widmeten. Die Person Christi wurde immer betonter die göttliche Person.
Daß der Mensch Jesus hinter Christus dem Gott gleichwohl nicht ganz verschwand, verdankt die Kirche vornehmlich jenen, gegen die ihre Führer das größte Mißtrauen hegen: den Mystikern und den Ketzern.

Himmelsbräutigam, Kalendergott

Zwar wußte keiner zu sagen, zu welcher Jahreszeit die Windeln des Jesuskindes zum erstenmal gewechselt wurden, und den ersten Christen mochte das auch gleichgültig bleiben, bei scharfer Spannung aufs kommende Ende. Als das ausblieb, suchte man nach einem Datum, um die Geburt des göttlichen Knaben festlich zu wiederholen: Alle Jahre wieder kommt das Christuskind.
In Ägypten kam es zuerst, bereits im 2. Jahrhundert, und zwar in der Nacht vom 5. auf den 6. Januar. In Alexandrien nämlich wünschte man sich in dieser Nacht ein glückliches Neujahr und gedachte der Jungfrau *Kore*, die den Zeitgott *(Aion)* gebar. Das Kornmädchen Kore kam aus Griechenland und war die Tochter der dortigen Getreidegöttin *Demeter*, einer der volkstümlichsten

heiligen Mütter im Mittelmeerraum. Auch *Dionysos* war nicht weit; am 6. Januar gedachte man seiner, der Wasser in Wein zu wandeln vermochte.
Hinter fremdartigen Götternamen west ein vertrautes Gefühl. Das alte Jahr ist tot, ein neues wird geboren, man hat überlebt, kann neu anfangen. Die Sonne wird wieder steigen, die längste Nacht ist vorbei.
Letzteres führte zur Wahl des 25. Dezember für das Geburtsfest Christi. Und zwar in Rom, wo der Kaiser saß und seine kalendarischen Maßnahmen am ehesten durchsetzen konnte. Diesfalls die Einführung des Sonnenjahres (unter Augustus) und die Erklärung des 25. Dezember zum Reichsfeiertag (unter Aurelian) – als Fest des unbesiegten Sonnengottes.
Mochten die Christen auch eine Zeitlang zwei verschiedene Daten für das Geburtsfest Christi haben, je nachdem ob sie in Gallien, Nordafrika oder Konstantinopel wohnten: auf jeden Fall war Jesus in den Kalender gekommen, aufgenommen in den periodischen Wechsel der Jahreszeiten, mit allen Konsequenzen. Nun war Maria deshalb noch nicht Kore, und Jesus nicht Sol oder Dionysos. Mächtig jedoch wirkten alte Feiergefühle nach, und auch heute noch sind die Kirchen zu Weihnachten und Ostern am vollsten.
Auch Ostern, vom jüdischen Kalender längst festgelegt, geriet mit Tod und Auferstehung des Herrn in die Nähe der Vegetationsgötter Attis, Adonis, Tammuz, Osiris, Sabazios. Götterjünglinge allesamt, verschiedenen Ursprungs, die einander wechselnd ihre Züge liehen im Religionsgemisch des hellenistischen Mittelmeerraums, in dem neue Götter plötzlich populär wurden wie heute Schlagersänger. In ihnen allen schlug das Stirb und Werde durch, da verging etwas in der Sonnenglut des südlichen Sommers, stand wiederum auf, wenn der Frühling kam, wurde mit geheimgehaltenen Riten in Exklusivzirkeln erlebt, drang schließlich ins Volk.
Die Fachgelehrten haben seit mindestens 100 Jahren gewisse Abfärbungen festgestellt, von der damaligen Volksreligion aufs junge Christentum, beispielsweise hinsichtlich Jungfrauengeburt.

Wichtiger ist in diesem Zusammenhang jedoch etwas anderes. Denn mit Jesus im Kult-Kalender hatte sich – neben dem bereits besprochenen Vergottungsvorgang in der Vorstellungswelt der Massen – auch noch ein grundlegender Wandel im Versammlungsgefühl der Christen ereignet.

Aus den wenigen Nachrichten über urchristliche Versammlungen spricht eine affektive Lage der Teilnehmer, die starke Erregtheit verrät. Enthusiasmus, Ekstatik, Spontaneität äußerten sich darin, daß manche Teilnehmer plötzlich in fremden, den Rednern selbst bisher unbekannten Sprachen zu stammeln begannen, daß andere Weissagungen von sich gaben. Kulthandlungen und Diskussionen, Gebet und Unterhaltung waren keineswegs säuberlich und womöglich örtlich getrennt, und manchmal gab es auch gewaltige Räusche.

Bei alledem beherrschte ein Grundgefühl die Szene: Komm Herr Jesus. Erhebet eure Häupter, nahe ist das Heil.

Umschlagserwartung also, die Gestalt dieser Welt vergeht, kommen wird er – und möglichst bald – auf den Wolken des Himmels. Die Zeit kann für diese Menschen nicht ruhig geflossen sein, für sie war immer Advent, Ankunft und Wiederkunft Christi, und die Tage, in denen sie lebten, waren buchstäblich die letzten der Menschheit. Diese Versammlungen der ersten Christen gründeten auf einem Grundgefühl, nämlich der Ungeduld, jeder Tag konnte das Weltgericht bringen. Hier war kein Platz für Kalenderfrömmigkeit und ewigen Kreislauf des jahreszeitlichen Werdens und Vergehens, denn vergänglich war ohnehin alles, dem Untergang geweiht auch die Natur, mitsamt Kornmüttern und Frühlingsgöttern.

Jedoch der Lauf der Zeiten änderte sich nicht, und jedes verstrichene Jahr setzte den Kalender mehr ins Recht. Die heiratsfähigen Töchter hatten über der Erwartung des Untergangs die Ehe versäumt, und Paulus wurde gefragt, was eigentlich mit den inzwischen Verstorbenen geschehen werde in der Neuordnung der Dinge.

Zudem lag nichts näher, als jedes Jahr zum gegebenen Zeitpunkt des Osterfestes zu gedenken, an dem Jesus gelitten hatte. Und allmählich wurde Erinnerung zur Vergewisserung, aus dem Einst ein Jetzt. Das 2. Jahrhundert jedenfalls brachte endgültig eine Ernüchterung, verwandelte Ungeduld in Geduld, Spontaneität geriet zum Ritual, das Versammlungsgefühl hatte sich beruhigt, und dabei blieb es auch – bis heute. Am Katholizismus fällt bei unvoreingenommener Betrachtung eine gewisse Langsamkeit und Ruhe auf, verbunden mit großer Breite (Canetti). Die lange Kirchengeschichte brachte zwar immer wieder Ausbrüche aus dieser Ruhe, doch das Ritual blieb per Saldo stärker.

Wie jeder Kult geriet auch der christliche unter ein altes und allenthalben von der Forschung gefundenes Gesetz – Wiederholung des Anfangs zu sein. Wohl war dieser Anfang im Fall Jesus weit weg vom Flüstern der Mythe; Stall und Galgen blieben Geschichte. Doch im Jahreskreis wurden sie dann doch Wiederaufführungen feierlichster Art. Jesus, der Künder des Endes, wird Stifter des Sakraments (Jaspers).

Vorab hinsichtlich Abendmahl. Ob Jesus diese letzte bange Mahlzeit als Beginn einer fortdauernden kultischen Handlung vollzogen hat, darf historisch bezweifelt werden. Immerhin erinnerte in der Antike der Kult noch ein wenig an den Ursprung: der Altar glich einem Tisch, der Priester betete zum Volk gewandt. Später jedoch kehrte er ihm den Rücken, und die Versammlung glich einer erstarrten Prozession, mit dem Priester voran. Entscheidend war dabei die Wiederholung des Anfangs. Bei jeder Messe war Jesus neu zugegen, darauf kam es an.

Aus geschichtlicher Vergangenheit wird Gegenwart, und die damaligen Ereignisse werden zu einem neuen Gewebe verarbeitet. Beispielsweise in einem sehr alten Text aus dem Stundengebet der Mönche und Priester zum bereits erwähnten Festtag des 6. Januar: Heute hat sich der Himmelsbräutigam mit der Kirche vermählt, weil Christus im Jordan ihre Sünden abgewaschen hat. Die Weisen eilen mit Geschenken zur Hochzeit des Königs, und die Gäste trinken den aus Wasser gewonnenen Wein.

Die Weisen aus dem Morgenland, die Taufe Jesu am Jordan, das Weinwunder bei der Hochzeit von Kana verdichten sich hier zu einem einzigen Grundgefühl: Der Erscheinung *(epiphaneia)* des

Gottes in Menschengestalt. Mit ihm – das ist der zentrale Topos – wird Hochzeit gefeiert, und die Braut ist die Kirche. Nicht Zukunftserwartung, Advent beseelt dabei die feiernde Christengemeinde, sondern der erfüllte Augenblick. An die Stelle des erwarteten Gottesreiches trat faktisch die Kirche.

Verfall

Die Vergottung des Stifters und die kultische Verlangsamung, einander stützend, ermöglichten das Heraufkommen der abendländischen Kirchengestalt. Und diese wiederum hat ihre sicher einmaligen schöpferischen Leistungen hervorgebracht, im gregorianischen Choral beispielsweise, später in den Kompositionen eines Palestrina, bis Johann Sebastian Bach und Ludwig van Beethoven. Wobei letzterer nur mehr zwei Messen komponiert hat, beide immerhin in Dur. Um diese Zeit fand auch das Heilige Römische Reich Karls des Großen ein eher unrühmliches Ende. Der Zerfall der alten Catholica in mehrere Christentümer war im 17. Jahrhundert beendet, und Jesus geriet selbst als Gott in die konfessionelle Enge.

Der Beichtvater Karls V. hatte dem sterbenden Kaiser das Kruzifix gewiesen und gesagt: Dieser steht für Sie ein, es gibt keine Sünde mehr, alles ist verziehen.

Für dieses Wort saß Bartholomäus Carranza neun Jahre lang in Haft, denn die mißtrauische Inquisition hatte darin eine Lutherei gewittert. Nicht mehr der Blick auf den gekreuzigten Gott war wichtig, sondern die richtige Formulierung. Frömmigkeit gerann zur Linientreue, und Rechtgläubigkeit zur Rechthaberei. Den Leerraum der Erschöpfung nach den Religionskriegen des 16. und 17. Jahrhunderts (in Deutschland, Frankreich, den Niederlanden und England) betraten die Propagandisten der Toleranzidee, und von dieser bis zur Gleichgültigkeit ist der Weg nicht allzuweit.

Ce plat roman: für den heute wieder zu Ehren gekommenen Marquis de Sade waren die Evangelien ein Gegenstand der

Langeweile, eine Aneinanderreihung von Platitüden. Dieser Degout hatte 200 Jahre Zeit, sich im Großbürgertum und der Intelligenz der europäischen industriellen Ära auszubreiten, und gegenläufige Versuche blieben stecken. Etwa jener des Theologen und Philosophen Friedrich Schleiermacher, der 1799 seine „Reden über die Religion an die Gebildeten unter ihren Verächtern" herausbrachte.

Heute haben die Kirchentreuen Minderheitenstatus, nicht nur in Schweden oder der Sowjetunion. In allen Ländern mit mehrheitlich immer noch christlich getauften Bevölkerungen bilden die Frommen eine Minderheit, bei vorwiegend defensiver Bewußtseinslage. Gesellschaftlich stimulierende Wirkungen gehen jedenfalls schon lange nicht mehr von ihnen aus, sie hüten ihr Erbe.

Wer sich heute für Jesus interessiert, geht nicht unbedingt zum Pfarrer, und wer es dennoch tut, fühlt sich nicht selten enttäuscht. Der Vergottungsprozeß neigt sich heute seinem Ende zu, er ist Geschichte geworden. Ob Jesus in einer neuen Gestalt eine müd gewordene Christenheit beschwingen wird können, kann kaum vorausgesagt, allenfalls gehofft werden. In dieser Hoffnung jedenfalls wurde dieses Buch geschrieben.

Ich habe nie in einem Haus gewohnt

Eine Geschichte aus dem Johannes-Evangelium: Es ist Mittag und Jesus will ausruhen. Man befindet sich auf einer Wanderung durch die Landschaft Samaria, halbwegs zwischen Jerusalem und Kapharnaum. Jesus setzt sich bei einem Brunnen nieder; die Schüler gehen in den Ort hinein – vielleicht das heutige Dorf Askar am Fuß des Berges Ebal – und wollen etwas zu Essen besorgen. Da kommt eine Frau zum Brunnen, will Wasser holen und wird von Jesus angesprochen.
Die Frau erkennt bald: Ich sehe, daß du ein Prophet bist. Und sie fragt, was ihr durch den Kopf geht: Wo soll man Gott anbeten. Denn zwischen den Leuten in Samaria und denen in Jerusalem gab es diesbezüglich einen alten Streit; die Samariter hatten sich einen separaten Tempel auf dem Berg Garizim errichtet, und das war eine lästige Konkurrenz für den Tempel in Jerusalem. So tritt also das Problem des richtigen Kirchturmes an Jesus heran, diesfalls lokalpatriotisch gefärbt, und freilich antwortet er darauf: Weder hier noch dort wird schließlich angebetet werden, nicht hier auf dem Berge noch in Jerusalem. Im Geist und in der Wahrheit wird man Gott anbeten, sagt Jesus, und was immer er damit meinen mag: von Gebäuden ist jedenfalls nicht die Rede. Mit einem Satz schiebt Jesus beiseite, was für alle Religionen, nicht nur für die jüdische, von bestimmender Bedeutung war und ist – die Lokalisierbarkeit des Heiligen in Tempeln, Kirchen, Sakralbezirken, heiligen Hainen, Kapellen, Münstern, Stiften und Domen. Dort, wo die Glocken läuten und die Priester wohnen, wo es Prozessionen gibt und Litaneien gebetet werden, wo man Kerzen anzündet, tauft, heiratet und für die Toten opfert – dort eben lebt das Religiöse am sinnenfälligsten. All das nun scheint für Jesus belanglos zu sein, zumindest nach seinem Ausspruch in der angeführten

Erzählung, und sämtliche Kirchenarchitekten werden von Jesus brotlos gemacht. Brotlos auch die Tempeldiener und Kirchenpriester alle, soweit deren Tätigkeit an heilige Orte gebunden ist, denn diese braucht es nach der Ansicht Jesu in der Zukunft nicht mehr zu geben.
Diese Rede Jesu, vom christlichen Abendland nachdrücklich vergessen, kommt freilich nicht von ungefähr; in ihrer Abneigung gegen Gottespaläste und feste Mauern insgemein hält sie es mit den alten Söhnen der Wüste, die ohne Tempel durchaus ihr Auslangen fanden und deren Gott dem David sagen ließ: Ich habe nie in einem Haus gewohnt.

Nomadenerbe, freies Feld

Die erste Darbringung der Menschen für ihren Gott in der Überlieferung der Bibel geschieht auf freiem Feld, freilich in ziemlich problematischer Weise. Kain und Abel treten auf, jeder von beiden will dem Gott ein Opfer bringen. Kain opfert Feldfrüchte, Abel bringt ein Opfer dar von den Erstlingen seiner Herde, und zwar von ihrem Fett. Ohne Angabe von Gründen akzeptiert der Gott jedoch nur Abels Gaben, während er das Opfer Kains verschmäht. Kain: Vertreter der jüngeren Kulturstufe, nämlich der Ackerbaukultur. Er erschlägt seinen Bruder, den Hirten, protestiert gegen die Bevorzugung des Abel, von despotischen Entscheidungen hält er wenig. Bezeichnenderweise passiert ihm auch nichts, im Gegenteil: Jeder, der Kain tötet, soll siebenfacher Rache anheimfallen – so das Urteil des Gottes.
Kain als Kulturbringer: Nicht nur daß er den Ackerbau vertritt, er zeugt auch *Henoch*, und der erbaut eine Stadt, zum erstenmal; auch die Eisenschmiede stammen aus der Nachkommenschaft des Kain, ferner die Zither- und Flötenspieler. Viel Kultur also um Kain, den Brudermörder. Damit aber rückt Kain in die Nachbarschaft beispielsweise des Prometheus, der den Göttern das Feuer stiehlt und dafür mit ewiger Pein bestraft wird. Allgemeiner: die mythischen Kulturbringer und Heroen stehen

nicht selten in einer Gegnerschaft zum Höchsten Wesen; bezeichnend ist, daß der böse Kain das Neue vertritt, und die oberen Instanzen sind ihm gegenüber eher hilflos.

Der Gott jener Kapitel des ersten Buches der Bibel, von dem hier berichtet wird, heißt *Jahwe*, im Gegensatz zu anderen Passagen desselben Buches, in denen sein Name *El* ist. Die Wissenschaft weiß heute, daß die Verwendung verschiedener Gottesnamen auf (mindestens) zwei verschiedene Quellen hindeutet, die ursprünglich unabhängig voneinander entstanden sein mögen, sicherlich erst spät zusammengefügt wurden.

Jedenfalls ist Jahwe hier fast ängstlich auf seine herrscherlichen Vorrechte bedacht, so etwa in dem Ausspruch: Siehe, der Mensch ist geworden wie unsereiner, Gutes und Böses erkennt er. Daß er nicht etwa auch noch die Hand nach dem Lebensbaum ausstrecke und ewig lebe!

So geht also manches in diesem alten Text um. Liebt ein auf seine Vorrechte bedachter Jahwe den Abel deswegen, weil er unterwürfig ist? Ist Kain der Mann, der frei seinem Gott begegnen will, auf freiem Feld, auf freiem Grund stehend als auf einem eignen? Ein früher Protest mag hier allbereits vernehmbar sein, soviel darf vermutet werden.

In den Erzählungen von Abraham, Isaak und Jakob ist von Wanderungen die Rede, von Kamelen, von Brunnen, an denen man sie tränken kann. Von Aufbrüchen und Auszügen, wechselnden Wohnsitzen. Der Gott dieser Wanderhirten heißt El, nicht Jahwe wie später der des Moses. El greift in das Leben dieser Nomaden ein, spricht zu ihnen im Traum, weist sie dahin und dorthin, gibt ihnen Winke, schützt und droht zugleich. Dem El nun werden Altäre gebaut, auf freiem Feld wiederum wie bei Kain und Abel, aus Steinen wird der Altar aufgeschichtet, Tiere werden geschlachtet, der Rauch der Opfer besänftigt den zornigen El.

Um die so entstandenen Altäre ranken sich Erzählungen: Jakob etwa verbringt die Nacht auf dem Feld, erblickt eine himmlische Leiter im Traum, Engel steigen auf ihr auf und nieder. Jakob nimmt den Stein, auf dem sein Kopf gelegen ist während des

Traums, salbt ihn mit Öl, richtet ihn als Denkstein auf. In *Sichem* und *Bethel* (= „Haus des El“) stellt Jakob weitere Altäre auf, Traditionen werden begründet beziehungsweise erzählend legitimiert, Heiligtümer und Wallfahrtsstätten, und die Archäologen bestätigen dies durch manchen Fund, durch die Erforschung der Ortsnamen im heutigen Palästina.

Aus all dem spricht das Empfinden einer priesterlosen Gesellschaft: immer ist der Sippenvater auch Priester. Die Altäre dieser Wüstensöhne stehen auf freiem Feld, bilden Rastpunkte, mit Erinnerung verbunden, dort wird Versöhnung gefeiert zwischen den Sippen, wenn gekämpft wurde um Brunnen und Weideland. El gibt den Familien Zusammenhalt, er ist das Band, das sie zusammenknüpft.

Erst am Beginn des 1. vorchristlichen Jahrtausends, im Verlauf einer lange dauernden Zunahme des Jahwe-Glaubens in Kanaan-Palästina, soll dem Gott ein Haupt-Heiligtum errichtet werden für die Gotteslade des Moses, und zwar in Jerusalem. Dem Ursprung nach ist diese Bundeslade freilich nomadenhaft, ihr Platz ist in einem Zelt. *David* (um 1000 v. Chr.) will in Jerusalem dieser Lade ein Haus von Zedern bauen, doch wird ihm gesagt: Ich habe nie in einem Haus gewohnt. Erst *Salomo* († 931 v. Chr.) setzt sich durch gegen das Nomadenerbe und gegen den Gott, der nicht in einem Hause wohnt; er baut den ersten Tempel. Der freilich wurde dann zerstört im 6. vorchristlichen Jahrhundert durch die Truppen aus Babylonien, viele wurden damals ins Zweistromland deportiert. Die Heimkehr dieser Exilierten unter *Kyros* († 529 v. Chr.) und *Darius* I († 485 v. Chr.) brachte zusammen mit der bald in Angriff genommenen Neuerrichtung des Tempels eine mächtige Zunahme der Priesterklasse. Erst jetzt bildet sich in Jerusalem nach Auskunft der Wissenschaft das heraus, was in den alten Kulturen Mesopotamiens und Ägyptens lange vorher im Brauche stand: Die Etablierung einer schriftkundigen Priesterkaste mit starkem politischen Einfluß. Und so blieb es bis zur Zeit Jesu. Damals stand in Jerusalem bereits ein neuer Tempel, erbaut von Herodes; dieser Tempel galt als Weltwunder, so großartig waren seine Dimensionen.

Dort also wohnt Jahwe, hinterm Vorhang des innersten Heiligtums, das selbst der Hohepriester nur einmal im Jahr betritt. Wer dies alles bedenkt, versteht nunmehr besser das Oppositionelle der Bethlehem-Erzählung.

Denn nicht in Jerusalem wird Jesus geboren nach Matthäus und Lukas, sondern in Bethlehem, und die erste Nachricht davon ergeht an die Hirten auf freiem Feld, keineswegs sprechen die Himmlischen zur Priesterschaft im Tempel zu Jerusalem. Die Art, die da heraufkommt („aus Jesse kam die Art" – so ein altes Weihnachtslied), knüpft ideologisch an das Nomadenerbe an, „das Reis, das ich da meine" (noch einmal das Lied) wuchs nicht in den Höfen des Tempels.

Der freundlichere Lukas läßt dann freilich die Eltern Jesu mit dem Kind nach Jerusalem gehen, um es „darzustellen": eine versöhnliche Geste des Sich-Fügens mit dem Bestehenden, wie es im Gesetz geschrieben steht. Nichts hiervon jedoch bei Matthäus: Die Weisen aus dem Morgenland richten in Jerusalem nichts aus, sie müssen nach Bethlehem ziehen. Aus Jerusalem hingegen kommen Soldaten als Feinde, töten die unschuldigen Kinder in Bethlehem, während der Heiland durch Flucht entrinnt. Das hiermit Gesagte ist deutlich genug: von Jerusalem ist nichts Gutes zu erwarten, das göttliche Kind beginnt sein Leben als displaced person, als Emigrant.

Der Stall in Bethlehem knüpft keineswegs an priesterliche Tempel-Religion an, weist vielmehr zurück zum freien Feld der nomadisierenden Menschen, stellt sich in die Tradition eines Gottes, der kein Dach überm Kopf haben will und dem Moses im Dornbusch erscheint, mit scharfem Kontra gegen Ägypten, Pyramiden und Tempeln dortselbst.

Soweit jedenfalls Matthäus.

Prophetenzorn gegen Priesterwürde

Deutlicher noch findet sich eine andere Tradition in den Evangelien, an sie knüpft Jesus ausdrücklich an, wenn er den Tempel

eine Räuberhöhle nennt, mit Anspielung auf einen Text aus dem Buch Jesaja, entstanden sechs Jahrhunderte vor Christus. Die Tempelkritik Jesu taucht keineswegs unvermittelt auf, ist vielmehr vorbereitet von langer Hand, von der Hand der Propheten, vornehmlich von *Amos*, *Hosea*, *Jesaja*, *Jeremia*, woselbst sich kräftige Kritik an Kult und Priesterschaft regt.
Jesus im Tempel: Er schwingt die Geißel, stößt die Tische der Geldwechsler um, verstreut ihre Münzen, treibt die Verkäufer der Opfertiere vor sich her, zum Tempel hinaus. Das Volk staunt, und die Hohenpriester überlegen die Liquidierung des Unruhestifters. Alle vier Evangelien berichten diese Szene, wobei das Johannesevangelium ein erklärendes Psalmenzitat hinzufügt: Der Eifer für dein Haus verzehret mich.
Mit diesem Hinweis soll offenbar gemildert werden, geglättet werden, was als Skandal offenkundig war; solange der Eifer im Grunde dem Tempel gilt, zielt die Geißel nur auf die Korruption einer im Grunde guten Sache.
Die alten Propheten jedoch, von Jesus gerne zitiert, haben wenig Reformistisches an sich, ihre Tempelkritik ist ziemlich radikal.
Amos, der früheste Prophet unter jenen, von denen schriftliche Nachrichten existieren, gibt das Leitmotiv an, das sich in verschiedenen Variationen in den sogenannten prophetischen Büchern des Alten Testamentes wiederfindet: An euren Speiseopfern habe ich kein Wohlgefallen. Deutlicher wird *Hosea*: Mit dir, Priester, will ins Gericht ich gehen. Hosea findet auch die geradezu klassische Formulierung der prophetischen Tempelkritik: Denn Liebe will ich, nicht Opfer; Gotteserkenntnis, nicht Brandopfer – was von Jesus wörtlich übernommen wird.
Wann genau die mündlich vorgetragenen Drohreden und Visionen der israelitischen Propheten schriftlich fixiert wurden, ist wissenschaftlich noch nicht sichergestellt; einige 100 Jahre jedenfalls waren die meisten prophetischen Bücher schon im Umlauf, als Jesus auftrat.
Das Mißtrauen der Propheten gegen Kult und Ritual spricht im ersten Kapitel des *Jesaja* ziemlich deutlich zum Leser: Was soll ich mit der Menge eurer Schlachtopfer? Jahwe spricht: Satt habe

ich die Brandopfer von Widdern und das Fett der Mastkälber. Das Blut von Stieren, Lämmern und Böcken mag ich nicht. Bringt mir nicht länger vergebliche Gaben, ihr Rauch ist mir ein Greuel. Ich ertrage nicht länger Feier und Fest: eure Neumonde und Festzeiten hasse ich, sie sind mir zur Last geworden. Mögt ihr noch so viel beten, ich höre nicht hin.
Jeremia startet einen ähnlichen Angriff auf die ritualistische Religiosität, bereits mit scharfer Spitze gegen den Tempel in Jerusalem. Noch erstaunlicher: Ich habe euren Vätern, als ich sie aus dem Ägypterlande herausführte, nichts gesagt und nichts befohlen über Brandopfer.
Dieser Satz steht konträr zur sogenannten Priesterschrift, die sich beispielsweise im Buch *Leviticus* des Alten Testamentes ziemlich rein erhalten hat. Denn dort ist sehr wohl von Jahwe-Befehlen betreff Schlachtopfern die Rede, überaus detailliert noch dazu.
Die Priesterschrift: Nach dem babylonischen Exil, zwischen 500 und 400 v. Chr. etwa, formierte sich die Priesterklasse in Jerusalem, wie bereits erwähnt. Textkritische Forschungen haben eine ganze Reihe biblischer Passagen einer bestimmten Quelle zugeordnet und sie Priesterschrift genannt; ihre Verfasser beziehungsweise Redakteure waren Tempelpriester. Der Stil dieser Quelle ist eher trocken, eine Vorliebe für Daten und Listen herrscht vor, die beherrschende Idee ist der Kult, auf ihn hin ist alles angelegt.
Dagegen nun steht das prophetische Erbe, in das Jesus eintritt. Seine Wirkung bei den Zuhörern äußert sich in den Worten: Ein Prophet ist unter uns aufgestanden. Angesichts eines längst kultisch gewordenen Christentums fällt es natürlich schwer, das Prinzipielle in der prophetisch tingierten Kultkritik Jesu wahrzunehmen. Tatsächlich geht es jedoch um Grundsätzliches in der Stellung Jesu zu Tempel und Priesterschaft, nicht nur um kosmetische Verbesserungen an einer im übrigen bejahten Gestalt.
Der Verfasser des neutestamentlichen Hebräerbriefs etwa sieht Jesus durchaus als einen, der das landläufige Priestertum abge-

schafft hat: Es ist doch bekannt, daß unser Herr aus Juda hervorgegangen ist, einem Stamme, über den Moses nichts ausgesagt hat, was sich auf Priester bezöge. Hier ist also eine Tendenz zu bemerken, früh auftretend unter den Gläubigen, und sie besagt deutlich genug: Mit den Priestern hatte Jesus nichts zu tun. Mehr noch: alle vier Evangelien berichten übereinstimmend, daß Jesus von einem Hohenpriester verhört und verurteilt wurde. Sein Name erscheint berichtenswert: Kajaphas.

Tendenz auch im ersten Petrusbrief und in der Apokalypse, abermals neutestamentlichen Schriften: Priester seid ihr alle, die ihr an Jesus glaubt.

Womit also eine spezielle Priesterklasse dahin ist, zumindest in den Augen der Verfasser.

Nun aber die Äußerungen Jesu selbst. In ihnen findet sich nicht die Spur einer Absicht, neue priesterliche Ordnungen zu stiften. Denn nicht einmal das einschlägige Wort – *hiereus* – findet sich im griechischen Original anderswo als dort, wo Jesus die vorhandenen jüdischen Priester erwähnt: als einer Größe, mit der zu rechnen ist, nicht aber als einer beschwingenden Idee für eine bessere Zukunft.

Ein Priester etwa tritt auf im Gleichnis vom barmherzigen Samariter, und freilich kommt er schlecht weg, denn er läßt den Verletzten liegen, wo er ist, geht seines Weges weiter, ohne sich um ihn zu kümmern: Sah ihn und ging vorüber.

Diese auffallende Kälte, dieses Auslassen, Übergehen priesterlicher Geschäfte wird nur selten durchbrochen. Gelegentlich schickt Jesus einen von ihm geheilten Aussätzigen zu den Priestern, damit sie ihm die Gesundheit attestieren; so war es damals üblich, und dem armen Teufel war geholfen. Daraus eine ausdrückliche Anerkennung des Priestertums von seiten Jesu ableiten zu wollen, ist eine deutliche Konstruktion kirchlich interessierter Theologen.

Um genau zu sein: Das Wort Priester (*hiereus* = Kultdiener) findet sich in den vier Evangelien elfmal, das ist alles. Diese Art von Priestern hat Jesus allenfalls hingenommen, niemals positiv bewertet, geschweige denn in seine eigenen Vorstellungen über-

nommen; die Jünger Jesu heißen niemals Priester im beschriebenen Sinne, mit Kult und Tempel haben sie nichts zu tun.
Kurzum: die Priesterschaften der heutigen Großkirchen, ihr Klerus also, können sich von Jesus her nicht legitimieren. Jesus selbst hatte andere Dinge im Kopf, soviel steht heute fest.

Reißt diesen Tempel nieder

Nicht die Juden als Bevölkerung, auch nicht die Gruppe der Pharisäer, sondern die führenden Kreise der Priesterschaft, der politisch einflußreichen Priesterschaft, haben die Hinrichtung Jesu veranlaßt. Den Priestern also war Jesus ein Dorn im Auge, darüber sind sich die meisten Bibelgelehrten heute einig, wenn sie auch nicht in der Lage sind, die Bedeutung jenes Rätselwortes zufriedenstellend anzugeben, das von Matthäus und Johannes berichtet wird und offenbar auch beim Verhör Jesu einen wichtigen Anklagepunkt darstellte: Reißt diesen Tempel nieder, und ich werde ihn in drei Tagen wiederum aufbauen.
Dieser Tempel: er stand nicht einmal 100 Jahre. Der Bau wurde unter *Herodes dem Großen* im Jahre 20 v. Chr. begonnen. Zwar waren die wesentlichen Arbeiten zehn Jahre später beendet, doch arbeiteten Tausende weiter an ihm, bis zur endgültigen Fertigstellung 64 n. Chr. Sechs Jahre später nahm *Titus* Jerusalem, und der Tempel wurde zerstört.
Dieser Tempel: vom Ölberg aus gesehen, war sein Anblick überwältigend. Aus dem gegenüberliegenden Hang des Kidrontales wuchsen Umfassungsmauern von beträchtlicher Höhe, Hunderte von Metern lang. Weite Plätze, eingerahmt von aufwendig gebauten Wandelhallen im griechischen Stil: dort hat auch Jesus gepredigt. Dann weitere Höfe, überleitend zum innersten Kern. Priesterwohnungen, Schatzkammern, Tore aus Gold und Bronze, Altäre im Freien – all das von orientalischem Leben erfüllt. Der Anblick begeistert die Jünger Jesu: Siehe, was für Steine und Bauten. Darauf Jesus, eher trocken: Kein Stein wird auf dem anderen bleiben.

Für den Unterhalt des Tempels wurde eine Kopfsteuer erhoben: jeder männliche Jude ab dem 20. Lebensjahr war darauf verpflichtet. In einer köstlichen Geschichte bei Matthäus kommen die Steuerbeamten zu Petrus mit der Frage: Zahlt euer Meister die Tempelsteuer nicht? Petrus, eher verlegen: Doch. Und nun Jesus selbst: Von wem nehmen die Könige der Erde Zoll und Steuer? Von den Fremden. Daher also sind die Söhne frei. Damit aber kein Anstoß erregt wird, schickt er Petrus fischen, und der erste Fisch, den er fängt, wird die gewünschte Münze im Maul haben.

Jesus, der Stein des Anstoßes, will keinen Anstoß erregen – die Verachtung ist fast mit Händen zu greifen: Geld soll keine Rolle spielen.

Schärfere Töne werden allerdings von einem gewissen *Stephanus* angeschlagen; von ihm erzählt das neutestamentliche Buch der Apostelgeschichte, und er wird auch prompt gesteinigt. Dieser Stephanus gehört zur Christengemeinde in Jerusalem, wie sie sich alsbald nach dem Tod Jesu in Jerusalem gebildet hat. Die Rede des Stephanus vor Gericht ist nämlich subversiv im Vollsinn des Wortes, und er zitiert genau die zornigen Stellen der prophetischen Schriften, in denen die Tempelkritik manifest wird: Allein der Allerhöchste wohnt nicht in Gebäuden von Menschenhänden. Der Himmel ist mein Thron und die Erde der Schemel meiner Füße. Was für ein Haus wollt ihr mir bauen, spricht der Herr, was soll meine Ruhestätte sein? Dementsprechend lautet auch die Anklage gegen Stephanus: Dieser Mensch hört nicht auf, gegen die heilige Stätte zu reden. Wir haben ihn sagen hören, daß Jesus diese Stätte zerstören wird.

Wiederum taucht, diesmal im Mund eines Schülers, der Tempelspruch Jesu auf, rücksichtslos; dieser Mann redet sich um Kopf und Kragen. Und freilich fällt von diesem Schüler ein bezeichnendes Licht zurück auf den Meister und dessen Einstellung zum Tempel. Die Wallfahrten Jesu zum Tempel in Jerusalem, von den Evangelien durchaus erwähnt, wirken von Stephanus her gesehen gar nicht einmal so fromm, wie das zunächst den Anschein hat. Selbst in den Evangelien finden sich Spuren eines eher skandalösen Verhaltens Jesu ausgerechnet im Tempel; so etwa, als er während des Höhepunktes beim Laubhüttenfest der feiernden Menge zuruft: Wen dürstet, der komme zu mir. Ferner, vornehmlich im Johannes-Evangelium: Die Höfe des Tempels, die Wandelgänge werden dort zu Orten der Agitation, der scharfen Auseinandersetzung Jesu mit seinen Gegnern, da werden Steine aufgehoben und scharfe Worte gewechselt. Kurzum: ein frommer Pilger verhält sich eigentlich anders, dies zumindest wird hieraus deutlich.

Beachtenswert ist schließlich die Tatsache, daß es zur Zeit Jesu in Palästina Gruppen gab, die der Tempelfrömmigkeit ablehnend gegenüberstanden: die bereits erwähnten *Essener*, eine asketische Bruderschaft, die am Toten Meer lebte. Die Funde in *Qumran* (seit 1947), die bislang mehr als 600 Handschriften zutage gefördert haben, haben die Kenntnis über Lehren und Bräuche der Essener entscheidend verbessert. Diese „Frommen" (das ist die Bedeutung des Namens der Bewegung) gab es auch zur Zeit Jesu. Ob Jesus persönliche Verbindungen zu ihnen hatte, kann wissenschaftlich nicht entschieden werden. Hingegen steht fest, daß die Qumranleute dem Tempel fernblieben, ja in offener Gegnerschaft zu ihm standen, obwohl es Priester unter ihnen gab.

Unter den Essenern von Qumran liebte man auch ein damals ziemlich verbreitetes Schrifttum, die sogenannten Apokalypsen; es waren dies visionäre Darstellungen vom Weltende, mit kräftigem Ton. Eine solche Apokalypse gibt es auch im Neuen Testament, und in ihr (sie dürfte um 80 n. Chr. entstanden sein) findet sich sozusagen ein letzes Mal ein Hinweis auf einen Zustand ohne Tempel. Von einem himmlischen, neuen, zukünftigen und verwandelten Jerusalem ist dort die Rede, und freilich gilt von dieser Stadt: Einen Tempel sah ich nicht in ihr.

In all dem regt sich etwas Emanzipatorisches, und die alten Propheten kommen zu Ehren. Aus Steinen wird kein rechter Tempel, die Kirche baut man aus lebendigen Menschen. Solcherart ist die Stimmung, aus der das Jesuswort kommt, das ihm vor dem Hohen Rat vorgehalten wird: Reißt diesen Tempel ab. Was immer dann mit jenen drei Tagen gemeint war, in denen Jesus den Tempel wiederum aufbauen wollte: die Aufforderung zur Zerstörung war blasphemisch genug, und der Zorn Jesu, der ihn gegen Wechsler und Händler im Tempel die Geißel schwingen ließ, liefert hierzu die kräftige Pointe.

Der zerrissene Vorhang

Die Schreckensreden vom Untergang Jerusalems aus dem Munde Jesu mögen erst nach der Zerstörung der Stadt verfaßt worden sein, also rund 50 Jahre nach dem Tod Christi; manche Gelehrte sind jedenfalls dieser Meinung. Unabhängig von dieser Frage jedoch wird deutlich spürbar: Jesus stand hinsichtlich der Bedeutung von Tempelkult und Priesteramt durchaus im Widerspruch zu seiner Umgebung. Denn die Juden liebten ihren Tempel, und gewaltige Massen strömten dort zu den großen Festen zusammen, auch aus dem Ausland. Drei der vier Evangelien legen demgegenüber Wert auf eine zunächst seltsam anmutende Feststellung: beim Tod Jesu sei der Vorhang des Tempels von oben bis unten zerrissen. Gemeint ist jener Vorhang, der das Allerheiligste, den Ort der Gegenwart Jahwes, von der Außenwelt trennte. Der Riß soll bedeuten: Gott wohnt nicht mehr dort, der Tempeldienst ist mit dem Tod Jesu eine Illusion geworden.

Die Frage erhebt sich, ob mit diesem Riß jeglicher Tempeldienst oder eben nur der jüdische durchschnitten werden sollte.

Die bekanntere, bis heute in christlichen Kreisen wirksame und bereits in manchen Stellen des Neuen Testamentes durchschlagende Ideologie lautet: Die Juden haben Jesus abgelehnt, verurteilt, hingerichtet. Deshalb hat Gott sich von ihnen zurückgezogen, wohnt nicht mehr bei ihnen, ihre heiligen Schriften werden zum „alten“ Testament, und die schließliche Zerstörung des Tempels im Jahre 70 n. Chr. ist die gerechte Strafe Gottes für die treulosen Juden. Diese Ideologie ist deutlich judenfeindlich, wird speziell vom Johannesevangelium vertreten und ist sicherlich ein Ausdruck der wachsenden Entfremdung des jungen Christentums von seiner jüdischen Umgebung. Im Rahmen dieser Ideologie lassen sich christliche Tempel, Gotteshäuser, Kirchen unschwer rechtfertigen: Gott geht demzufolge zu den Christen über, und er wohnt hinkünftig nicht mehr in Jerusalem, sondern überall dort, wo Christen Tempel bauen. Die Juden hingegen sind eben gottverlassen, und was das zu bedeuten hat, bekamen sie zu spüren.

Wenn hingegen die andere Annahme stimmt, derzufolge Jesus und manche seiner Schüler den Tempeldienst überhaupt und generell, nicht nur den spezifisch jüdischen, verabschieden wollten, dann ergeben sich daraus überraschende Konsequenzen. Denn dann zeigt sich, daß die jüdische Entwicklung nach dem Jahre 70 tatsächlich das verwirklichte, was Jesus vorgeschwebt haben mag: eine priesterlose Religion.

Es ist nämlich eine historische Tatsache, daß die Juden nach 70 keine Priester mehr kennen, sondern nur den *Rabbi*, und der ist ein Lehrer, keinesfalls aber ein Kultfunktionär. Wohl haben die frommen Juden ihren Kult, sprechen Gebete und singen heilige Lieder in ihren Synagogen. Niemals aber würden sie behaupten, daß Gott in einer Synagoge wohnen würde oder daß ein Rabbi zwischen ihnen und Gott vermittelnd tätig sein würde – und das alles bis auf den heutigen Tag.

Damit aber würde ziemlich genau jene Idee unter ihnen realisiert sein, die auch Jesus vorgeschwebt haben mag, ferner dem Stephanus und manchem Propheten. Die Formel dieser Auffassung kennen wir: Ich habe nie in einem Haus gewohnt.

Es gibt ein ziemlich starkes Argument dafür, daß die ersten Christen tatsächlich eine Auffassung vertraten, die der herkömmlichen Tempel- und Priesterfrömmigkeit den Rücken kehrte: die frühen christlichen Gemeindevorsteher (*presbyteroi* – wovon unser heutiger Ausdruck „Priester“; *episcopoi* – wovon unser „Bischof“) hatten keinerlei sakrale Funktionen inne; ihre Leitungsaufgabe ähnelte sehr der eines jüdischen Vorstehers irgendwo in einer Gemeinde des damaligen Mittelmeerraumes. Sie glichen eher Bürgermeistern, nicht aber Kultpriestern. Die

gegenläufige Tendenz unter den frühen Christen beginnt allerdings schon gegen Ende des 1. Jahrhunderts: In einem Brief des römischen Christenvorstehers *Clemens* aus dem Jahre 96 n. Chr. ist allbereits von einer kultischen Hierarchie die Rede, unter Berufung auf die Tempeldiener Jerusalems, die sogenannten *Leviten.* Früh genug also wurden dem Evangelium die Leviten gelesen, obwohl es dann noch eine Weile dauerte, bis sich der christliche Vorsteher in Rom endlich den althergebrachten Würdenamen eines *pontifex maximus* zulegen konnte, also den Titel eines altrömischen Hohenpriesters. Auch dauerte es mehrere hundert Jahre, bis die Christen in großem Umfang Tempel zu bauen begannen und der dazugehörige Klerus die vorhandenen Positionen der staatlich anerkannten Priesterschaft besetzte. Wichtig ist, daß diese Entwicklung heute hinlänglich bekannt ist und daß sie den Vorstellungen Jesu bezüglich Tempeldienst und Priesterklasse nicht entspricht.
Hingegen spricht einiges dafür, daß diese Vorstellungen Jesu, so paradox das auch klingt, eher bei den Juden anzutreffen sind.
Wenn das alles stimmt, dann hat sich in puncto Tempel die Außenseiterposition Jesu ausgerechnet bei jenen Außenseitern der Gesellschaft fortgesetzt, als welche man die Juden zweifellos ansehen wird dürfen. Die jüdischen Priester haben Jesus verurteilt, als es sie noch gab. Als sie verschwunden waren, haben sich die Christen beeilt, sie wiederum einzuführen. In dieser Entwicklung, die zum „christlichen Abendland“ führte, waren die Juden geradezu sprichwörtliche Außenseiter. Daß sie in dieser langen Leidenszeit dem Juden Jesus wenig Sympathien entgegenbrachten, ist verständlich; denn in seinem Namen wurden sie ja verfolgt.
Jener Jesus jedoch, der zum Abbruch des Tempels aufgefordert hat, gehört in der Tat mehr zu ihnen als zu den christlichen Kirchen.

Halt mich nicht fest

Oben, im ersten Stock des Museo San Marco in Florenz, wendet man sich von der Treppe nach links, biegt dann nach rechts in den Gang mit den Zellen. In einer von ihnen, gemalt von Fra Angelico, tanzt Jesus vor dem offenen Grab auf der Wiese, Standbein und Spielbein, und Maria Magdalena kniet vor ihm. Festgehalten ist der Augenblick des Erkennens, entsprechend der Erzählung im Evangelium nach Johannes. Die Maria aus Magdala hat den Leichnam Jesu gesucht und steht draußen vor dem Grab, weinend: Weil sie meinen Herrn weggenommen haben, und ich weiß nicht, wohin sie ihn gelegt haben.

Jesus tritt auf, aber Magdalena hält ihn für den Gärtner. Bis er sie anspricht, mit ihrem Namen. Da erkennt sie ihn: Rabbuni, das heißt Meister. Jesus darauf: Halt mich nicht fest. Noch bin ich nicht zum Vater hinaufgestiegen.

Maria Magdalena stellt in der Überlieferung der christlichen Malerei eine bekehrte Sünderin vor; man weiß schon über ihr Vorleben Bescheid, wenn man – besonders im Barock – verschiedene Kreuzigungsdarstellungen betrachtet. Denn auch unterm Kreuz noch, in der stärksten Trauer, ist eine erotische Aura um sie – langes Haar, eine nackte Schulter.

Fra Angelico braucht solche Andeutungen nicht. Auf seinem Fresko an der Wand der Mönchszelle haben zwei Menschen etwas miteinander zu tun, ein Mann und eine Frau, beide mit einem Heiligenschein. Die Intimität der Szene steht außer Zweifel, beider Hände berühren einander beinahe. Jedoch im Gestus Jesu macht eine diskrete Abwehr sich bemerkbar, und die Richtung seiner Bewegung führt von Magdalena fort. Er tanzt ihr davon. Halt mich nicht fest: Der verklärte Jesus wird hier zu einem eher unverläßlichen Partner; die liebende Frau wird enttäuscht, kaum gefunden, entrinnt ihr der Geliebte von neuem.

In einem biblischen Liebesgedicht, dem sogenannten Hohenlied, sucht die Braut ebenfalls ihren Geliebten: Ich suchte ihn, doch fand ich ihn nicht. Die Wächter trafen mich an auf ihrer Runde durch die Stadt. Kaum war ich an ihnen vorüber, da fand ich, den meine Seele liebt. Ich hielt ihn fest und will ihn nicht lassen, bis ich ihn gebracht ins Haus meiner Mutter, in die Kammer von der, die mich getragen.

Happy-End also und Hochzeit, Kinder werden kommen, die Welt geht weiter, die Familie hat gesiegt. Darum wird der Mann seinen Vater und seine Mutter verlassen und seinem Weibe anhangen, und sie werden zu einem Fleisch – so das erste Buch der Bibel, von Jesus ausdrücklich zitiert nach der Überlieferung bei Markus und Matthäus.

Wobei vor allem die Ehescheidung, damals durchaus gestattet, von Jesus angegriffen wird, und von jenem Halt-mich-nicht-Fest kann freilich keine Rede sein. Zu gelten hat vielmehr: Bis der Tod euch scheidet, woran sich auch die großen Kirchen getreulich gehalten haben.

Jesus wird somit zum Festiger der Familienbande, die heilige Familie im Häuschen zu Nazaret zum Inbild einer frommen Idylle, Philemon und Baukis sind nicht weit.

Vergessen wird dabei so manches; Jesus hängt ordentlich gerahmt überm Ehebett, obwohl ihm dieser Platz durchaus unangemessen ist, wie sich zeigen soll.

Der Sohn des Zimmermanns

Der Brief des Apostels Paulus an die Römer, eine alte und authentische christliche Quelle, stellt Jesus mit den Worten vor: Der nach dem Fleisch aus dem Geschlechte Davids hervorgegangen ist. Tatsächlich war für die frühchristliche Predigt unter den Juden die Herleitung der Abstammung Jesu aus der Sippe des David unerläßlich; Messias und Davidssohn gehörten damals zusammen.

Matthäus und Lukas überliefern deshalb die bereits erwähnten

Stammbäume, und die Tendenz ist klar: Jesus soll als Messias legitimiert werden. Im gesamten Neuen Testament wird die Abkunft Jesu von David auf den gesetzlichen Vater Jesu, nämlich Josef, zurückgeführt. Von ihm heißt es beispielsweise bei Lukas: Weil er aus dem Hause und Geschlechte Davids war.
Mit solchen früh einsetzenden genealogischen Konstruktionen hatte Jesus selbst natürlich nichts zu tun. Als populärer Messias ist er vor seinem Leiden keineswegs aufgetreten (darüber später), und das Geschrei mancher Leute, die ihn als Davidssohn feierten, wird ihm nicht viel bedeutet haben. Historisch liegt seine Herkunft durchaus im dunkeln, und Jesus selbst hat nichts unternommen, dieses Dunkel zu lichten; im Gegenteil: Hinweise auf seine Abstammung hat er beiseitegeschoben, wenn nicht geradezu zurückgewiesen.
Einen Hinweis hierfür finden wir in einer Geschichte, die den Skandal schildert, den Jesus in seiner Heimatstadt Nazaret auslöste, als er dort in der Synagoge predigte. In Nazaret hatte Jesus von Jugend auf regelmäßig am Synagogengottesdienst der Sabbate und Festtage teilgenommen. Irgendwann hatte er den Ort verlassen, und nun, als Prediger und Wundertäter bereits bekannt, stattet er ihm einen Besuch ab.
Während des Gottesdienstes am Vormittag des Sabbats wurden Texte aus den Propheten vorgelesen, und jeder Jude hatte grundsätzlich das Recht, ans Lesepult zu treten, meist über Einladung des Vorstehers der Synagoge. Zur großen Überraschung der Gemeinde hält Jesus eine glänzende Predigt, und verblüfft fragen die Leute: Woher hat er das? Ist das nicht der Zimmermann, der Sohn Josefs und der Maria, ein Bruder des Jakobus, Joses, Judas und Simon? Sind nicht seine Schwestern hier bei uns? Und sie nahmen Anstoß an ihm – so wird jedenfalls die Reaktion der Zuhörer von Markus und Matthäus umschrieben, während Lukas sogar eine Art Lynchversuch berichtet. Die Antwort Jesu an seine zweifelnden Mitbürger ist allerdings auch schroff genug: Nirgends gilt ein Prophet weniger als in seiner Vaterstadt, bei seinen Verwandten und in seinem Hause.
In seinem Hause: Dieser Ausdruck bezeichnet die Sippe, das

Geschlecht, die Großfamilie. Von ihr erwartet sich Jesus wenig, so viel zumindest ist klar, er setzt sich ab.
Wer als Kind Karl May gelesen hat, mag vielleicht den langen Namen des Hadschi Halef Omar auswendig gelernt haben, um seinen Altersgenossen zu imponieren. Die Aufzählung einer langen Ahnenreihe bei der Vorstellung erscheint uns heute skurril, entspricht jedoch einem Muster, das in vorindustriellen Gesellschaften weit verbreitet ist. Es geht um die Zuordnung *(ascription)* des einzelnen Menschen innerhalb seiner Gesellschaft, und zwar mit Hilfe der Verwandtschaftsbeziehungen. Allbereits bei den sogenannten Primitiven, also den Naturvölkern: Für die Maori entfaltet sich die ganze Welt wie eine gigantische Verwandtschaft. Man könnte sagen, daß der Eingeborene sich nicht wohl fühlt, wenn er nicht die Verwandtschaftsbande nachziehen kann. Mit wahrer Besessenheit durchwühlt der Maori guter Herkunft die Genealogien und vergleicht sie mit denen seiner Gäste, sucht gemeinsame Ahnen zu entdecken und zerlegt die Zweige in ältere und jüngere. Man zitiert das Beispiel von Individuen, deren Gedächtnis Genealogien behielt, die bis zu 1400 Personen umfaßten.
Nicht nur bei den Maoris findet sich das Verwandtschaftsgeflecht. Tatsächlich gibt es keine uns bekannte Gesellschaft in Vergangenheit und Gegenwart ohne Familienregeln, so unterschiedlich sie auch sind. Heute beschäftigen sich die Psychologen mit den Vorgängen bei der Erziehung der Kinder, die Soziologen mit den Regelungen von Werbung und Heirat, die Ethnologen und Kultur-Anthropologen mit Verwandtschaftsmustern. Die Frage nach dem Ursprung familiärer Bindungen und Tabus verliert sich freilich in der langen und weithin unbekannten Vorgeschichte des Menschen. Immerhin haben sich bedeutende Wissenschaftler – wie *Sigmund Freud* und neuerdings *Claude Lévy-Strauss* – mit dieser Frage ausführlich auseinandergesetzt und beachtliche Theorien zu ihr entwickelt.
Die universelle Bedeutung der Familie im menschlichen Zusammenleben kann jedenfalls auf einige Grundfunktionen zurückgeführt werden, ohne die eine Gesellschaft zerfallen würde –

zumindest aufgrund der Erfahrungen, die der Mensch bislang angesammelt hat: Regelung der Fortpflanzung und des Sexualverhaltens, der Erziehung der Kinder, wirtschaftliche Unterstützung, soziale Zuordnung nach Gesellschaftsklassen, Herstellung eines günstigen Gefühlsklimas. Was also einer ist, wohin er gehört, das lernt er zunächst einmal zu Hause.

Und auch heute noch ortet man den einzelnen Menschen unter anderem durch die Frage nach dem Familienstand (ledig, verheiratet, verwitwet, geschieden) und der Herkunft (Name und Beruf des Vaters). Wer solche Fragen für unerheblich hält, gilt eher als Sonderling. Denn die Mehrzahl der Menschen verhält sich in bezug auf diese Spielregeln durchaus konformistisch. Welcher Gesellschaft ein Mensch auch zugehört, er ist selten in der Lage, für diesen Konformismus eine Ursache anzugeben; alles, was er sagen kann, ist, daß die Dinge immer so gewesen sind und daß er handelt, wie man vor ihm auch gehandelt hat (Lévy-Strauss). Diesbezüglich hat sich seit der Zeit Jesus gar nicht einmal so viel geändert, wie man sieht.

Im Johannesevangelium wird erzählt: Philippus trifft den Natanael und sagt zu ihm: Der, von dem Moses im Gesetz geschrieben hat und die Propheten, den haben wir gefunden. Nämlich Jesus, den Sohn Josefs, aus Nazaret.

Was die braven Leute in Nazaret sagen, entspricht dem Gespräch der beiden Jünger in einem Punkt genau und ist soziologisch gesehen durchaus regelrecht. Jesus wird familiär eingeordnet, man vergewissert sich seiner sozialen Herkunft, indem man auf seine Abstammung hinweist. In Nazaret geschieht diese Zuweisung genauer als anderswo, weil man die Verwandtschaftsverhältnisse Jesu gut kennt.

Wogegen Jesus sich wiederum wehrt; es wird da ein Bruch sichtbar zwischen ihm und seiner Sippe, er gilt wenig bei ihr. Daß sie ihn zum Narren stempelt (wie in anderem Zusammenhang berichtet), gehört ebenso hierher wie jenes scharfe Jesuswort, das bei Markus am ursprünglichsten wirkt: Und seine Mutter und seine Brüder kamen, blieben draußen stehen und schickten zu ihm, ihn zu rufen. Um ihn her aber saß das Volk, als man ihm

sagte: Siehe, deine Mutter und deine Brüder und deine Schwestern sind draußen und suchen dich. Da antwortete er ihnen: Wer ist meine Mutter und wer sind meine Brüder? Und indem er auf die rings um ihn Sitzenden blickte, sprach er: Siehe, das sind meine Mutter und meine Brüder. Wer den Willen Gottes tut, der ist mir Bruder und Schwester und Mutter.
Hier wird die Nabelschnur gründlich durchschnitten, mit einer Schroffheit, die bereits Lukas veranlaßte, in seiner Fassung der Szene alles für die Familie Jesu Ungünstige wegzulassen. Jedoch selbst der familienfreundlichere Lukas – und nur er – erzählt eine Legende, in der trotz deutlicher Sympathien für den Tempel etwas Emanzipatorisches aufblitzt.
Als fromme Juden wandern die Eltern Jesu zu Ostern nach Jerusalem, und der inzwischen zwölf Jahre alt gewordene Jesus darf mitkommen. Bei der Rückwanderung jedoch ist er verschwunden, Maria und Josef kehren um und finden ihn schließlich: im Tempel, wie er mitten unter den Lehrern saß, ihnen zuhörte und sie fragte. Als seine Eltern ihn erblickten, waren sie fassungslos, und seine Mutter sagte zu ihm: Kind, warum hast du uns das angetan? Dein Vater und ich haben dich mit Schmerzen gesucht.
Darauf Jesus: Warum habt ihr mich gesucht? Habt ihr nicht gewußt, daß ich in dem sein muß, was meines Vaters ist?
Mein Vater: damit ist nun sicher kein Josef gemeint, sondern der Vater in den Himmeln. Und die Art, in der Jesus sich mit diesem Vater ins Benehmen gesetzt hat, ist keineswegs legendär, sondern authentisch. Denn in den Reden Jesu taucht ein Gegensatz auf, der in seiner Originalität unverwechselbar ist: Mein Vater – euer Vater. Jesus hat – darüber ist sich die Forschung heute weitgehend einig – deutlich zwischen dem unterschieden, was sein persönliches Verhältnis zum Vater-Gott betraf, und dem, was dieser Gott für die übrigen bedeuten mochte. Bei Jaspers heißt dieser Zug in der Persönlichkeit Jesu: die Wesensidee. Nicht so freilich, als ob Jesus sich selber als Gott erlebt hätte; das kam später, wie bereits besprochen.
Sicher aber ist, daß Jesus einen Vater gesucht und auch gefunden

hat, der den Zimmermann Josef belanglos werden ließ. Wie ein Echo auf diesen Vatertausch mutet denn auch jene Episode aus dem Leben des Franz von Assisi an, wie sie von der sogenannten Drei-Gefährten-Legende berichtet wird: Rasch begab er sich in ein Gemach des Bischofs, und nachdem er sich aller seiner Kleider entledigt hatte, kam er nackt zurück, legte Kleider und Geld vor den Bischof und vor seinen Vater in Gegenwart aller anderen nieder und sprach: Bis jetzt habe ich Pietro Bernardone meinen Vater genannt; aber da ich nun den Vorsatz habe, dem Herrn zu dienen, gebe ich jenem das Geld zurück, um das er sich aufgeregt hat, nebst allen Kleidern, die ich aus seinem Eigentum besitze. Ich will von nun an sagen: Vater unser, der du bist im Himmel – und nicht mehr: Vater Pietro Bernardone.

So geschehen am 16. April 1207. Die Verwandtschaft hatte das Nachsehen, Abstammung und väterliches Erbe hatten ihr Gewicht verloren, und geheiratet wurde eine eher seltsame Braut: die Armut, wie Franziskus sie zu nennen pflegte.

In dieser Art von Exegese wird Jesus wiederum frisch und scharf, die Sippe bleibt draußen vor der Tür, und selbst die Mutterbrust wird zurückgewiesen.

Nämlich bei Lukas: Da erhob eine Frau aus dem Volk ihre Stimme und sagte zu ihm: Selig der Leib, der dich getragen, und die Brüste, an denen du gesogen hast. Er aber sprach: Vielmehr selig, die das Wort Gottes hören und befolgen.

Selbst im spät entstandenen Johannesevangelium ist (zweimal) eine Anrede Jesu an seine Mutter stehengeblieben, die zumindest im semitischen Raum ungewöhnlich und auffallend war: Frau.

Somit hat Jesus in bezug auf seinen Vater, seine Mutter und die ganze Verwandtschaft etwas vollzogen, was selbst heute selten vorkommt, im damaligen kulturellen Kontext aber schlichtweg unerhört war – die Emanzipation von familiären Bindungen.

So daß nicht nur alle Stammbaumgeschichten – einschließlich später aufgekommenem Davidssohn –, sondern auch die Meldezettelfragen nach dem Geburtsort hinfällig werden. Obwohl gerade letzteres eifrig diskutiert worden sein mag: Aus dem Volk sagten einige: Das ist wahrhaftig der Prophet. Andere: Das ist

der Messias. Wiederum andere: Kommt denn der Messias aus Galiläa? Sagt nicht die Schrift, daß der Messias aus dem Geschlechte Davids und aus dem Dorf Bethlehem kommt?
Ein paar Leute aus Jerusalem aber wissen Bescheid: Von diesem wissen wir, woher er ist. Vom Messias jedoch, wenn er kommt, weiß niemand, woher er ist.
Mögen diese Streitreden im Johannesevangelium auch gewisse Debatten im judenchristlichen Milieu Palästinas wiedergeben, wie sie nach dem Tod Jesu geführt wurden – die Antwort Jesu wirkt im Kern authentisch: Ja, ihr kennt mich und wißt, woher ich bin. Doch bin ich nicht von mir aus gekommen, sondern wahrhaftig ist der, so mich gesandt hat und den ihr nicht kennt. Ich aber kenne ihn, denn ich bin von ihm, und er hat mich gesandt.

Besser gar nicht heiraten

Was bis jetzt erörtert wurde, bleibt trotz subversivem Gehalt zunächst eine Privatangelegenheit Jesu; es steht jedermann frei, sich mit seiner Familie zu zerstreiten, ohne daß allein deswegen irgendeine Wirkung in die Öffentlichkeit beabsichtigt sein müßte.
So ergibt sich die Frage, ob hinter der absonderlichen Haltung Jesu zu seiner eigenen Familie etwas Prinzipielleres stecken könnte – hinsichtlich Verwandtschaftsgeflecht, Hochzeit und Kinderkriegen überhaupt, einschließlich der sogenannten Beziehung der beiden Geschlechter.
Hier muß erinnert werden an die diesbezügliche christliche Qual, exemplarisch und von stärkster Wirkung bei *Aurelius Augustinus*, Bischof im nordafrikanischen Hippo Regius, Kirchenlehrer, gestorben 430, während die Vandalen die Stadt belagerten. In seinen Bekenntnissen: In diesem schweren Kampf meines inneren Hauses stürzte ich plötzlich, im Antlitz so entstellt wie im Verstand verstört, auf Alypius zu und rufe aus: Was lassen wir uns da gefallen? Die Ungelehrten stehen auf und holen sich den Himmel, und wir mit unserer Bildung ohne Herz, sieh nur, wie wir in Fleisch und Blut uns wälzen!

Wobei es selbstverständlich – und konkret – um seine *concubina* ging, die ihn geliebt hat und von der er einen Sohn hatte. Er hat sie schließlich entlassen, zunächst – nach der Sitte der Zeit – um für eine standesgemäße Heirat frei zu sein. Diese freilich kam auch nicht zustande, denn Augustinus hatte sich bekehrt.
Noch einmal die Bekenntnisse: Was mich zurückhielt, waren die Nichtigkeiten über Nichtigkeiten, meine alten Freundinnen. Sie machten sich heran an das Gewand meines Fleisches und raunten mir zu: Du wirst uns doch nicht lassen? Und: Von dem Augenblick an ist dir dies und jenes in Ewigkeit versagt. Und was war „dies und jenes"? Welche Niedrigkeiten boten sie mir an, welche Schändlichkeiten! Schon hörte ich sie kaum mehr halb, dennoch hemmten sie mich, und die Gewohnheit sprach aus ihrer Gewalt zu mir: Du glaubst doch nicht, daß du es aushältst ohne sie?
Jedoch die andere Seite war bereits stärker: Denn von dort, wohin ich meinen Blick richtete, trat mir in keuscher Würde die Enthaltsamkeit entgegen, als heiteres Bild, nicht zügellos in ihrer Fröhlichkeit, und lud mich ehrbar ein, ich solle kommen und nicht zögern. Und breitete ihre frommen Hände aus, gefüllt mit Scharen guter Beispiele. Da waren so viele Knaben und Mädchen, soviel Jugend und jedes Alter, würdevolle Witwen und greise Jungfrauen. Und in ihnen allen war die Enthaltsamkeit.
Sie hat Augustinus gewählt, als er 32 Jahre alt war. Später wurde er Bischof, und als solcher hat er – ebenfalls in den Bekenntnissen – peinlich genau publiziert, wie lästig ihm nach 15 Jahren Enthaltsamkeit der nicht mehr sublimierbare Rest seiner Manneskraft war: Auf daß meine Seele, befreit von der Fessel der Begierde, nicht mehr aufsteht gegen sich selbst, um im Schlaf jene Schimpflichkeiten zu vollbringen, die durch tierische Bilder bis zum Fluß des Fleisches verführen. Bis zur Auslöschung der geilen Regungen seines Schlafes – so Augustinus – ging dieser unerbittliche Wille, und das befleckte Bettzeug des Bischofs wurde veröffentlicht. Schuldbewußte Mönche mögen sich durch Jahrhunderte an dieser Stelle getröstet haben – die Bekenntnisse des Augustinus waren auch vor dem Buchdruck weit verbreitet.

Zu seinem Gott gewendet, schreibt also ein Mann, dessen Werk bis in die Neuzeit hinein maßgebend blieb: Du befiehlst uns Enthaltsamkeit. Was die Ehe betrifft, hast du sie zwar gestattet, aber einen Zustand angeraten, der ihr überlegen ist.
Damit sind wir wiederum bei den Evangelien, und zwar diesfalls bei einem eher dunklen Spruch, überliefert von Matthäus: Es gibt Verschnittene, die vom Mutterleib an so geboren sind, und es gibt Verschnittene, die von den Menschen verschnitten wurden, und es gibt Verschnittene, die sich selbst verschnitten haben um des Reiches der Himmel willen. Wer es fassen kann, der fasse es.
Es ist dieser Kastrationsspruch die einzige Stelle in den vier Evangelien, auf die sich Augustinus und mit ihm alle jene berufen konnten, die den Christen Enthaltsamkeit gepredigt haben, bis zum Konzil von Trient (1545–1563), das der „Jungfräulichkeit“ den Vorrang vor der Ehe gab.
Nehmen wir einmal an, dieser Spruch ginge tatsächlich auf ein altes Jesuswort zurück. Dann würde Jesus mit einem radikalen Asketismus hinsichtlich Geschlechtlichkeit zumindest sympathisiert haben. Wenn irgend jemand, dann würde jedenfalls er selbst zu den Eunuchen um des Reiches der Himmel willen sich gezählt haben, denn um dieses ist es ihm ohne Zweifel gegangen, in erster Linie sogar, wie bereits früher besprochen. Jesus hätte dann für sich persönlich einen Schritt vollzogen, dessen Familienfeindlichkeit sich prinzipieller nicht denken läßt. Heiraten und geheiratet werden wäre dann in der Tat ein Geschäft der Söhne dieser Welt – so Lukas –, während in der von Jesus anvisierten neuen Ordnung der Verhältnisse alle familiären Veranstaltungen einschließlich des Unterschieds der Geschlechter im Orkus des Untergangs verschwinden würden: Denn wie sie in den Tagen vor der Sintflut aßen und tranken und freiten und sich freien ließen bis zu dem Tage, da Noah in die Arche ging, und nicht zur Erkenntnis kamen, bis die Flut kam und alle hinwegriß, so wird es auch beim Kommen des Menschensohnes sein.
In solchen Sprüchen Jesu ist die Einrichtung der Familie klar genug als Angelegenheit einer zu Ende gehenden Weltordnung

gekennzeichnet; wer sich dennoch mit solchen Dingen aufhält, verliert nur seine Zeit.
Ob Jesus – aus solcher Grundstimmung heraus – zum freiwilligen Eunuchentum der Sexual-Askese tatsächlich geraten hat, läßt sich wissenschaftlich nicht endgültig entscheiden. Daß in seiner Einstellung zur Familie jedoch ein prinzipieller Vorbehalt mitredet, ist wahrscheinlich genug.
Denn: Wenn jemand zu mir kommt und nicht Vater und Mutter und Frau und Kinder und Brüder und Schwestern und dazu auch sein eigenes Leben haßt, kann mein Jünger nicht sein.
Und: Meint ihr, ich sei gekommen, Frieden auf die Erde zu bringen? Nein, sage ich euch, sondern Entzweiung. Denn von nun an werden fünf in einem Hause entzweit sein, drei gegen zwei und zwei gegen drei; entzweit werden sein der Vater mit dem Sohn und der Sohn mit dem Vater, die Mutter mit der Tochter und die Tochter mit der Mutter.
Ferner: Wer Vater oder Mutter mehr liebt als mich, ist meiner nicht wert. Wer Sohn oder Tochter mehr liebt als mich, ist meiner nicht wert.
Endlich, zusammenfassend: Die Feinde des Menschen werden seine Hausgenossen sein.
Daß Jesus in der Tat so geredet hat, ist – wissenschaftlich gesehen – durchaus nicht unwahrscheinlich. Und wenn er dann – bei Matthäus und Markus – einmal in einen Disput über Fragen der Ehemoral gezogen wird, weist er seine Gesprächspartner schlicht auf die Korruption in den geltenden Gebräuchen hin, indem er gegen die Ehescheidung spricht. Hieraus eine grundsätzliche Absicht Jesu herauszulesen, die Familie zu stabilisieren, fällt schon aufgrund der oben angeführten Stellen ziemlich schwer. Bei Matthäus sagen denn auch die Jünger angesichts der Aufforderung Jesu zu ehelicher Treue: Wenn die Sache des Mannes gegenüber der Frau so steht, dann ist es nicht gut zu heiraten.
Jesus hat ihnen nicht wiedersprochen.

Jakobus der Kleine

Daß Jesus alles Familiäre in der von ihm verlautbarten Zukunft für belanglos gehalten hat, darf nach dem Gesagten als Ergebnis festgehalten werden. Nach seinem Tod erhob sich freilich für jene, die zu Predigern der Sache Jesu wurden, ein gewichtiges Problem: Wer wird die Führung übernehmen? Wer wird den Platz des Meisters einnehmen, wenn das Erinnerungsmahl gefeiert wird, wer entscheidet in strittigen Fragen, wer wird zum Stellvertreter Jesu, bis dieser wiederkommt?
Das Problem ist soziologisch formuliert, im Hinblick auf die damaligen gesellschaftlichen Verhältnisse hinsichtlich Führertum; und der Kern der Angelegenheit mag zunächst am Beispiel der Lösung der Nachfolgefrage nach dem Tod *Mohammeds* († 632) erläutert werden.
Im Unterschied zu Jesus ist Mohammed ein Religionsstifter gewesen: Heute habe ich euch eure Religion vollendet und meine Gnade an euch erfüllt und euch den Islam zur Religion gegeben (Koran, 5. Sure). Trotz seiner vier Hauptfrauen und weiterer Konkubinen in seinem Harem hatte Mohammed keinen männlichen Sproß hinterlassen und keine Verfügungen über seine Nachfolge getroffen. Seine engsten Mitarbeiter schritten daher zur Wahl, aus der *Abu Bakr*, einer der Schwiegerväter des Propheten, als Kalif hervorging. Ihm folgte nach zwei Jahren *Omar* (634–644), ebenfalls ein Schwiegervater; der dritte Kalif *Othman* (644–656) war der Gatte einer der Töchter Mohammeds. Nach dessen Tod zerstritt sich die Sippe; die Partei des *Ali*, eines Vetters und Schwiegersohns des Propheten, wurde vom Anhang der *Aischa*, einer der Gattinnen des Propheten, bekämpft.
Aus diesen Vorgängen wird eines deutlich: die überragende Bedeutung der Blutsverwandtschaft in den Kulturen des Nahen Ostens. Worauf in erster Linie geachtet wird, ist die Abstammung, und noch heute findet sich dieses Muster familiärer Zuordnung in den arabischen Ländern. Die Zugehörigkeit zur Sippe bietet dort den wichtigsten sozialen Schutz des einzelnen; ein Bruch mit ihr hat schwerste Beeinträchtigungen zur Folge.

Dieser Befund trifft auch auf die soziale Umgebung Jesu zu. Und in der Tat: es gibt Hinweise dafür, daß die Verwandtschaft Jesu sich an den Führungskämpfen der ersten Jahrzehnte nach dem Tod Jesu durchaus beteiligt hat, wenngleich vergeblich.
Es liegt kein Grund vor, die Nachricht von den Geschwistern Jesu in irgendeiner Weise historisch zu bezweifeln oder theologisch umzudeuten; es handelt sich offenbar um leibliche Brüder und Schwestern Jesu (Niederwimmer).
Von diesen stieg der Herrenbruder *Jakobus*, auch Jakobus der Kleine genannt, unter den Judenchristen Jerusalems rasch zu hoher Bedeutung auf. Nach seiner Hinrichtung durch Steinigung (62 n. Chr.) folgte ihm *Simon*, ebenfalls ein Bruder Jesu, in der Leitung der Gemeinde von Jerusalem. Beide gehörten nicht zu den Zwölf, sie waren keine Apostel. Dennoch hat Jakobus der Kleine auf der Apostelversammlung in Jerusalem (48–49 n. Chr.) das Schlußwort, und seine Resolution wird angenommen.
Eben dieser Jakobus wird in manchen frühchristlichen Schriften sogar Bischof der Bischöfe genannt (Pseudoklementinen), und sein Rang übertrifft sogar den des Petrus (Thomasevangelium). Wie stark diese Tendenzen der Familie Jesu tatsächlich gewesen sind, sich in die urchristlichen Führungskämpfe einzuschalten, kann historisch nicht eindeutig entschieden werden. Wichtig ist, daß sie vorhanden waren und daß sie gescheitert sind. Der Kreis der Jünger erwies sich als stärker, und die Nachfolgefrage bezüglich Führungsfunktionen wurde durch Wahl, nicht durch Erbfolge geregelt, was sich im Fall des römischen Papstes bis heute erhalten hat.
Wohl ist – entgegen den Intentionen Jesu – sehr bald eine christliche Priesterklasse entstanden (wie im vorausgehenden Kapitel dargestellt); das Novum gegenüber allen vergleichbaren Priesterkasten des Mittelmeerraums lag jedoch immerhin darin, daß in ihr die familiäre Erbfolge ausgeschlossen war, von allem Anfang an. Zwar hat man den Bischöfen und Priestern zunächst die Ehe gestattet, aber in keinem Fall hat sich ein Priesteradel herausgebildet, mit Machtpositionen durch Erbfolgerecht. Ge-

nau dies aber war in allen jenen Gesellschaften und Kulturen der Fall gewesen, mit denen die Christen zu tun hatten, einschließlich der jüdischen bis zur Zerstörung des Tempels.

Die Erklärung für diese Entwicklung, deren weitreichende wirtschaftliche, politische und kulturelle Konsequenzen deutlich zu verfolgen sind, liegt in der kräftigen Nachwirkung dessen, was wir als Charakteristikum der Einstellung Jesu zur Familie diskutiert haben: nämlich seine prinzipielle Gleichgültigkeit gegenüber familiären Bindungen insgemein.

Erstaunlicherweise hat dieser Impuls sich durchgesetzt, obwohl die Erwartung eines baldigen Weltendes scheiterte. Dieser Impuls hat – besonders im frühen und hohen Mittelalter – beachtliche gesellschaftliche Kräfte freigesetzt, trotz Vetternwirtschaft am päpstlichen Hof. Denn entscheidend – politisch und wirtschaftlich – war die Tatsache, daß das Vermögen der Bistümer dem Zugriff der Verwandten und Erben grundsätzlich entzogen blieb. Vorab die sächsischen Kaiser (919–1024) hatten in den ehelosen Bischöfen ihre verläßlichsten Vasallen. In der kirchlichen Hierarchie des Mittelalters hat sich erstmals ein Prinzip durchgesetzt, das in allen anderen Kulturen bisher überhaupt nicht oder nur in Ansätzen – wie in China – vorzufinden war: der soziale Aufstieg aufgrund persönlicher Leistung, nicht aufgrund der Geburt. Noch in der Bautätigkeit von Päpsten, Bischöfen und Äbten am Beginn der Neuzeit läßt sich erkennen, wie stark das Motiv der ausbleibenden Erben gewesen ist. Viele dieser geistlichen Bauherrn haben sich ihre persönlichen Denkmäler gesetzt, weil sie dazu eben nur so lange Zeit hatten, als sie an der Macht waren. Das regierende Haupt einer kontinuierlich herrschenden Adelsfamilie konnte sich demgegenüber geduldiger zeigen; was er selbst nicht vollbrachte, würde sein Sohn oder Enkel beenden – worauf es hier ankam, war zunächst der Glanz der Familie.

Wohl wurde das Prinzip der Ausschaltung der Familie schon früh durch Korruption aufgeweicht. Pfründenkauf und Vetternbegünstigung waren die hauptsächlichen Instrumente der herrschenden Familien, um ihren Einfluß im geistlichen Bereich zu

sichern. Die Sache selbst aber war geboren und setzte sich auch ständig zur Wehr, in Reformdekreten aller Art. Bis schließlich das Vermögen der Ehelosen so groß geworden war, daß es neue Kräfte auf den Plan rief, die es schließlich zerstörten. Dennoch wurde in diesem langen Prozeß etwas relativiert, was in allen anderen Kulturen bestimmend gewesen war: die politische und wirtschaftliche Macht der herrschenden Familien.
Wir behaupten, daß diese Entwicklung auf einen Mann zurückgeht, der sich hinsichtlich Familie reserviert genug verhalten hat: Jesus von Nazaret, dessen Traum vom Reich diesfalls Ergebnisse hatte, die keineswegs in Utopia lagen.

Der Sohn der Jungfrau

Mit Ausnahme der katholischen Exegeten besteht in der Fachwissenschaft heute eine weitgehende Übereinkunft über den legendären Charakter der Erzählungen von der Jungfrauengeburt. Über deren mächtige Wirkungen in sozialpsychologischer Sicht ist damit freilich noch gar nichts ausgesagt. Der Schweizer Tiefenpsychologe *Carl Gustav Jung* († 1961) hat in seiner „Antwort auf Hiob“ die kollektiv wohltätige Wirkung der Jungfrau-Mutter beschrieben, und auch der von Freud kommende Psychoanalytiker *Erikson* hat das Beiseiteschieben der Madonna durch Luther als Lücke für die Religion empfunden.
Solche – an sich hochinteressanten – Überlegungen haben mit dem Gegenstand dieses Buches direkt nichts zu tun. Wichtig jedoch ist die Feststellung, daß wir in der Jungfrauengeburt einen sehr alten und höchst erfolgreichen Versuch vor uns haben, die Emanzipation Jesu von allem Familiären – einschließlich des Sexualbereiches – wirksam zu symbolisieren. Als Sohn der Jungfrau ist Jesus zunächst einmal der Geschlechterfolge entrückt, denn seine Zeugung ist ein Werk Gottes. Kein irdischer Vater, keine Ahnenreihe können ihn für sich beanspruchen, und selbstverständlich wird ihm auch kein Brautbett bereitet. Als Bräutigam kommt er (wie bereits besprochen) nur für die Kirche

in Frage – so bereits bei Paulus. Und die Apokalypse schließt mit dem Symbol des Hierosgamos, der Hochzeit des Sohnes mit der Mutter-Braut. Die Hochzeit aber findet im Himmel statt, wo „nichts Unreines“ eindringt (C. G. Jung).

Die Auswirkungen dieser Vorstellung auf die abendländische Kultur- und Sittengeschichte werden hier nicht einmal angedeutet. Was uns hier zu interessieren hat, ist das früh einsetzende christliche Reinheitsmotiv, mit merklichem Contra gegen alles, was aus dem Begehren des Mannes kommt – wie der Prolog des Johannesevangeliums sich ausdrückt. Nochmals also die bisher unentschieden gebliebene Frage, ob jenes augustinische Du-befiehlst-uns-Enthaltsamkeit auf Jesus selbst zurückzuführen ist.

Ich bin gekommen, ein Feuer auf die Erde zu werfen. Was wollte ich lieber, als es brennte schon – dieses Jesuswort ist vorzüglich geeignet, die Grundstimmung sich zu vergegenwärtigen, in der Jesus gepredigt hat. Diese Bewußtseinslage war enthusiastisch; Jesus hat den allgemeinen Umbruch der Verhältnisse proklamiert.

Geltende ethische Normen verlieren in dieser Sicht der Dinge ihren Absolutheitsanspruch. Dabei fällt folgendes auf: Einmal ist Jesus strenger als die geltende Moral der jüdischen Tora (zum Beispiel hinsichtlich Ehescheidung und Ehebruch); in anderen Fällen jedoch erregt er Anstoß durch seine Zuneigung zu den Sündern und Sünderinnen. Letzteres etwa in der von Johannes überlieferten Geschichte von Jesus und der Ehebrecherin, in der es heißt: So will auch ich dich nicht verurteilen.

Was das Ethos Jesu sei, ist keineswegs durch ein System von Anweisungen für das Handeln in der Welt zu fassen (Jaspers). Dementsprechend schreibt auch Paulus im Jahre 57 an die Christen in Korinth: Was aber die Jungfrauen betrifft, so habe ich kein Gebot des Herrn.

Dennoch gibt Paulus Ratschläge, und in ihnen ist der frühchristliche Asketismus bereits voll da: Ein Mann tut gut daran, keine Frau zu berühren. Der Unverheiratete ist besorgt um die Sache des Herrn, der Verheiratete dagegen ist besorgt um die Dinge der

Welt, er sucht seiner Frau zu gefallen, und so ist er geteilt. Ebenso ist die unverheiratete Frau und die Jungfrau besorgt um die Sache des Herrn – sie will heilig sein an Leib und Seele; die Verheiratete dagegen ist besorgt um die Dinge der Welt, wie sie ihrem Mann gefalle.

Dabei verbietet Paulus keineswegs die Ehe, aber er wertet sie ab: Die Zeit ist knapp bemessen. Künftighin sollen deshalb auch die, welche Frauen haben, so leben, als hätten sie keine. Denn die Gestalt dieser Welt vergeht.

Das Echo auf diese Lehren blieb nicht aus, trotz verschobenem Weltuntergang. Seit der Bischofsversammlung im spanischen *Elvira* (um 306 n. Chr.) wurde im Westen allen Klerikern ab dem Diakon der Gebrauch der vorher geschlossenen Ehe untersagt. Hier hatte etwas begonnen, was sich noch kurz nach dem Zweiten Weltkrieg in den Ergebnissen des bekannten Kinsey-Reports niederschlug: Je frömmer einer ist – als Katholik, Protestant, Jude –, desto zurückhaltender ist er auch in seiner Sexualität. Als die christliche Nacht hereinbrach und die Menschheit auf Zehen zu der Liebe schleichen mußte, da begann sie sich dessen zu schämen, was sie tat (Karl Kraus).

Die lange Geschichte der christlichen Sexual-Askese braucht uns hier nicht länger zu beschäftigen. Sie führt von den ersten Einsiedlern in Ägypten über die immer neu auftretenden Mönchsbewegungen bis zum Puritanismus in New England (USA), gegen den seit einiger Zeit die Sexwelle rollt. *R. S. Lee* hat diese Entwicklung eine Über-Ich-Religion genannt, mit ihren strengen Akzenten auf Keuschheit und Gehorsam.

Mit Jesus hat das alles wenig zu tun.

Was er hinsichtlich Familie und Sexualität wirklich gedacht hat, ließe sich vielleicht mit einem Satz beschreiben, der im – sozusagen grundsätzlichen – vierten Kapitel des Romans „Der Mann ohne Eigenschaften" von *Robert Musil* steht: Nun, es könnte wahrscheinlich auch anders sein.

In welcher Weise anders – die Antwort auf diese Frage sucht man bei Jesus vergebens. Sie wurde gesucht in sozialen Formen, die heute historisch sind und von denen man gleichwohl meinen

darf, es hätte in ihnen etwas von der ursprünglichen Haltung Jesu, wenn auch entstellt, sich erhalten.
Wie kaum eine andere soziale Tatsache lebt das Familiäre von der Berufung darauf, daß die Dinge immer so gewesen sind. Für Jesus hat dieses Argument nicht gezählt, und der Versuch der Sippe, sich seiner zu bemächtigen, ist gescheitert.
Familie und Geschlecht haben ihn nicht festzuhalten vermocht, diesbezüglich jedenfalls blieb er ungebunden. Womit eine Fahrkarte gelöst wurde, die noch heute gültig ist.

Zug nach unten

Auch Jesus, der so hell brennt wie ein Stern, der schont gewiß nicht all die feinen Herrn. So dichtet *François Villon* (geboren 1431, Todesjahr unbekannt) mit kräftigem Ton, von unten her, aus der Perspektive der Strauchdiebe und Vagabunden, verbummelten Studenten und fragwürdigen Existenzen zwischen Kneipe und Kotter, heute da, morgen dort. Hier redet einer wie ihm der Schnabel gewachsen ist, und kein Gelehrter muß ihm sagen, daß es in allen Gesellschaften so etwas wie soziale Schichten gegeben hat und gibt. Daß die weiter oben auf dieser Leiter sitzenden feinen Herren – einschließlich der Kirchenpriester – seit jeher dazu neigen, ihre Position als gottgewollte oder auch naturgemäße Ordnung zu behaupten: Wer debil auf die Welt kommt, kann nicht Generaldirektor werden, die Neger in den USA haben einen niedrigeren Intelligenzquotienten als die Weißen. Es waren einmal zwei Brüder, die hießen Onassis, der eine hatte es zu etwas gebracht und besaß viele große Schiffe, der andre wurde Kommunist und blieb arm.

Ohne Parteinahme geht es in der Frage der Klassengegensätze nicht ab, denn auch die unparteilichen Soziologen mit ihren Tonbandgeräten bleiben durchaus auf ihrer betreffenden Leitersprosse sitzen, während sie darüber reden, daß es solche Rangordnungen gibt. 4000 Dollar im Jahr und darüber sind ihnen sicherlich lieber als 2000 oder weniger, wes Brot ich eß, des Lied ich sing.

Das Lied, das Jesus den Armen gesungen hat, kam nicht von oben, wo das Brot verteilt wird. Jesus hat eine bevorzugende Neigung für die Armen, die Ausgestoßenen, die Sünder (Jaspers). Er nimmt also Partei, schlägt sich auf eine sehr bestimmte Seite, sicher nicht die der Herren. Mit diesem Zug nach unten, zu den Armen und Verachteten, zu den *marginales* (wie man sie in

Südamerika nennt), wird Jesus selber zu einer Randperson, zu einem *marginal man*, wenn anders man diese Art von Außenseiterei so definiert, wie es üblich ist – vom Trockenen her, in dem man selber sitzt.

Selig ihr Armen

Der Stall in Bethlehem, die Hirten auf dem Feld sind nach der Meinung vieler Bibelgelehrter legendär. Dagegen *Ernst Bloch*: Zu einem Kind, das im Stalle geboren, wird gebetet. Näher, niedriger, heimlicher kann kein Blick in die Höhe umgebrochen werden. Zugleich ist der Stall wahr, eine so geringe Abkunft des Stifters wird nicht erfunden. Sage macht keine Elendsmalerei und sicher keine, die sich durch ein ganzes Leben fortsetzt. Der Stall, der Zimmermannssohn, der Schwärmer unter kleinen Leuten, der Galgen am Ende, das ist aus geschichtlichem Stoff, nicht aus dem goldenen, den die Sage liebt.

Tatsächlich hat sich der Armeleutegeruch des Krippenkindes nie so ganz restlos parfümieren lassen, nicht einmal durch die recht bürgerlich tingierte liberale Textkritik von seiten der Gelehrten. Sachlich und historisch gut getroffen ist jedenfalls die Bemerkung bei Lukas: So brachten sie ihn hinauf nach Jerusalem, um ihn dem Herrn darzustellen und um ein Opfer zu bringen nach der Vorschrift im Gesetz des Herrn: ein Paar Turteltauben oder zwei junge Tauben.

Wobei es sich um die Opfergabe der Armen handelte.

Die Herkunft Jesu war sicher gering genug, er entstammte weder der Blutaristokratie noch dem Priesteradel, nicht einmal zum ordinierten Rabbi hat er es gebracht. Seine ersten Anhänger waren einfache Leute, Fischer beispielsweise, ohne jede feinere Lebensart. Diese wiederum – nach einem Jesuswort bei Matthäus – war in den Palästen der Könige zu finden, und dorthin ist Jesus erst mehrere hundert Jahre später gekommen, in bereits vergoldetem Zustand.

Nicht in den Salons also ist Jesus zu suchen, auch nicht in den

Schulen der Schriftgelehrten oder den Zirkeln asketischer Wüstenbrüder. Seine ersten Predigten hat er vielmehr so gehalten, wie Lukas es überliefert hat, und vor dem Volk: Selig ihr Armen, denn euer ist das Reich Gottes. Selig ihr Hungernden, denn satt sollt ihr werden. Selig ihr Weinenden, denn ihr werdet lachen. Originalton also, ganz ohne spätere Paraphrasen; in den zitierten drei Sätzen ist Jesus ganz da, und angesprochen sind die untersten sozialen Schichten.

Schon in den Arbeiten von *Max Weber* († 1920) zur Wirtschaftsethik der Weltreligionen, diesfalls zu der des Judentums, findet sich eine noch heute brauchbare Darstellung der sozialen und ökonomischen Verhältnisse in Palästina, einschließlich der Klassenlage: Zwischen der bodenständigen Bevölkerung, also dem Stadtpatriziat und den seßhaften, teils freien, teils fron- oder zins- oder pachtpflichtigen Bauern, welche Korn, Früchte und Wein ziehen und Rinder halten, und den freien kamelzüchtenden Beduinen in der Mitte steht nämlich noch eine für alle Länder der Mittelmeergebiete bis in die Neuzeit charakteristische Schicht: Die halbnomadischen Kleinvieh-, d.h. Schaf- und Ziegenzüchter. Ökonomisch und politisch mächtig waren in diesem System lediglich die reichen Landbesitzer, die in Jerusalem saßen und dort ihre Renten verzehrten, wobei die Bauern nach Kräften bewuchert wurden. In den Städten bildete sich innerhalb der letzten vorchristlichen Jahrhunderte eine Art Kleinbürgertum heraus, und aus dieser Schicht kam auch die Bruderschaft der Pharisäer. Mit den Bauern also hatten diese nichts zu tun, auch nicht mit den halbnomadischen Schafhirten. Die wiederum kümmerten sich wenig um die Vorschriften der Gesetzeslehrer (mehrere hundert sind allein für den Alltag gezählt worden). Hingegen standen manche Handwerker – beispielsweise Schmiede, Sandalenmacher, Zimmerleute, Schuhmacher, Holzschläger – der strengen Gesetzesfrömmigkeit nicht ganz so fern. Aus dieser sozialen Schicht nämlich kamen nicht wenige Rabbinen, unter anderem auch Saulus, der spätere Apostel Paulus.

Bei alldem darf die ökonomische Gesamtlage nicht übersehen werden. Für sie gilt – wie für alle vorindustriellen Gesellschaften –

die wirtschaftsgeschichtliche Faustregel: Nicht weniger als 50, nicht mehr als 200 Dollar Einkommen je Kopf und Jahr. Das Je-Kopf-Einkommen im römischen Weltreich (von dem Palästina zur Zeit Jesu ein Teil war) ist – bei einer Gesamtbevölkerung von 100 Millionen – auf 100 Dollar im Jahr geschätzt worden, was den Verhältnissen im heutigen Indonesien entspricht. Bis zu 92 vom Hundert sind in agrarischen Gesellschaften in der Landwirtschaft tätig, und die leben allemal mehr schlecht als recht. Während heute in den Industriegesellschaften die Mehrzahl der Bevölkerung den mittleren Schichten angehört, sah die Verteilung in früheren Zeiten anders aus. Da gab es die sehr breite Unterschicht, eine schmale städtisch-kleinbürgerliche Mittelschicht und die sehr dünne Oberschicht, die den Reichtum innerhalb weniger Familien vererbte. Bei den Juden zur Zeit Jesu geschah dies unter der bereits erwähnten Blutaristokratie und dem Priesteradel, beide in Jerusalem ansässig. Hauptsächlich aus ihnen, den Führern des Volkes, rekrutierte sich der sogenannte Hohe Rat, wie er auch im Neuen Testament erwähnt wird.

Jesus hat also seine erste Predigt vor einem Publikum gehalten, dessen Zusammensetzung nach dem Gesagten nicht schwer zu erraten ist: Taglöhner, Fronbauern, wandernde Schafhirten, Fischer, vielleicht ein paar Handwerker, Kinder und Frauen. Die Repräsentanz der armen Schlucker und Hungerleider hat hier zunächst einmal zugehört, mit durchaus unverbildetem Unterscheidungsvermögen, um gelehrte oder auch gönnerische Herablassung verachten zu können. Von Jesus sagten sie jedenfalls: Der redet nicht wie unsere Schriftgelehrten.

Damit wird ein vortreffliches Kriterium eingeführt, nämlich die Sprachgewohnheiten. Innerhalb ein und derselben Sprache bedienen sich die sozialen Schichten unterschiedlicher Codes, einfacherer und komplizierterer, je nach vorhandener Bildung. Der Gelehrte kennt mehr Wörter, hat ein umfangreicheres Vokabular – damit fängt es an. Nicht nur Häuser und Kühe kann man besitzen, auch Wörter stellen einen Reichtum dar. Nicht umsonst sprechen wir von dem Wortschatz, über den einer verfügt, und mit Respekt.

Wer einen großen Wortschatz, aber nicht sehr viel Geld und Gut besitzt, ist ein Intellektueller. Dieser Typ ist aller Wahrscheinlichkeit zuerst bei den Juden aufgetreten, in der Gestalt des Rabbinates; nur im mittelalterlichen Indien hat es ähnliche Ansätze gegeben.
Wo dein Schatz ist, da ist auch dein Herz – so Jesus. Das Herz der Schriftgelehrten aller Epochen ist bei ihrem Wortschatz, demzufolge, und der sichtbare Ausdruck dieser tiefen Liebe ist die Bibliothek. Tontafeln, Schriftrollen, Codices – seit der Erfindung der Schrift, vornehmlich des Alphabets konnten Wörter gespeichert werden, und der des Lesens Kundige hatte Zutritt zu diesen Speichern.
Jesus hat keine schriftlichen Aufzeichnungen hinterlassen, gleich Buddha und Sokrates. Die intellektuelle Leidenschaft des Umgangs mit den vielen Wörtern war ihm fremd: Ich preise dich, Vater, daß du dieses vor Weisen und Klugen verborgen, Einfältigen aber geoffenbart hast.
Da sind sie also wieder, die Armen. Diesmal verstanden unter der Kategorie der Bildung, Ausbildung, Erziehung; wobei der Zuruf ausgerechnet den letzten in der Skala gilt, mit manifester Solidarisierung.
Wenngleich also die Rabbinen und Pharisäer keineswegs zu den oberen Zehntausend gehört haben, vielmehr eine Art plebejischer Intellektuellenschicht darstellten, mitsamt kleinbürgerlicher Ethik, so sitzen sie für Jesus immer noch zu weit oben an der Tafel der Gesellschaft. Nicht ihnen gilt seine Predigt. Den Rat, den er selber gegeben hat, nämlich sich bei Gastmählern ganz unten hinzusetzen, auf den letzten Platz – er hat ihn durchaus befolgt, im allgemeinsten Sinn des Gleichnisses. Sein sozialer Ort, gemessen an den Kriterien von Besitz und Bildung, ist ganz unten gewesen.

Schönere Zukunft

Den Armen also wird eine gute Nachricht verkündet – so steht es bei Matthäus, und dieses Evangelium (was dasselbe bedeutet)

hieß zunächst einmal: Ihr werdet lachen, ihr werdet euch satt essen.
Für einen, dem das Weinen näher als das Lachen ist und dem außerdem der Magen knurrt, zweifellos eine gute Nachricht, verständlich auch dem schlichtesten Gemüt. Bald wird das Elend zu Ende sein, die Bettler werden mit Abraham schmausen, gute Tage stehen bevor, die Letzten werden die Ersten sein.
Dies alles wird unter dem neuen Weltregime Wirklichkeit, von dem Jesus als dem Reich Gottes spricht. Er stellt es sogar als bereits verhanden hin: Wenn ich mit dem Finger Gottes Dämonen austreibe, dann ist Gottes Regiment schon zu euch gelangt. Freilich noch nicht im vollen Glanz. Darum lehrt Jesus die Armen ein Gebet, das später auch die Reichen auswendig gelernt haben, bei freilich stark verminderter Sehnsucht nach Veränderung der Dinge: Zu uns komme dein Reich.
Ferner: Unser notwendiges Brot gib uns täglich.
Womit eine für jegliches wirtschaftliches Denken geradezu aberwitzige Bewußtseinslage vorausgesetzt wird, nämlich der Verzicht auf jedwede Bevorratung, Besitzbildung, Kapitalisierung. Ums tägliche Brot wortwörtlich beten kann nur einer, der von der Hand in den Mund lebt, der nicht an den kommenden Tag denkt, ganz im Sinne Jesu: Sorget euch also nicht um den morgigen Tag, denn der morgige Tag wird für sich selber sorgen. Ein solches Verhalten ist noch heute in den untersten sozialen Schichten zu finden, wo die Feste gefeiert werden, wie sie gerade fallen, zum Abscheu derer, die sparen gelernt haben – spare in der Zeit, so hast du in der Not.
Ausgerechnet den Sparsamen aber wird von Jesus eine Eigenschaft attestiert, die sie am wenigsten vermuten würden – nämlich Dummheit. In einem Gleichnis bei Lukas: Das Land eines reichen Mannes hatte gut getragen. Er überlegte bei sich und sagte: Was soll ich machen, da ich nicht genug Platz habe, meine Ernte unterzubringen? Und er sprach: So will ich es machen; meine Scheunen werde ich abreißen und größere bauen und darin all mein Getreide und all meine Güter aufspeichern. Dann will ich zu meiner Seele sagen: Du hast viele Güter liegen,

für viele Jahre. Ruh aus, iß und trink, laß dirs wohl sein. Aber Gott sprach zu ihm: Du Tor, diese Nacht noch wird man dein Leben von dir fordern; wem aber wird gehören, was du aufgespeichert hast?

Besser also, das Sparen überhaupt zu lassen: Sammelt euch nicht Schätze auf Erden, wo Motte und Wurm sie zerstören und wo Diebe einbrechen und stehlen.

Vielmehr: Betrachtet die Lilien des Feldes, wie sie wachsen. Sie arbeiten nicht und spinnen nicht. Ich sage euch: Selbst Salomon in all seiner Pracht war nicht gekleidet wie eine von diesen. Suchet zuerst das Reich. Alles übrige wird euch obendrein zufallen.

Sehr oft ist die ökonomische Naivität aufgefallen, mit der in der Predigt Jesu der Arbeits- und Ernährungsvorgang behandelt wird (Bloch). Nichts leichter, als diese Naivität als gründlich blamiert anzusehen und Jesus als Wirrkopf und Schwarmgeist, der den Leuten das Blaue vom Himmel verspricht. Womit freilich das Wunder des Sklavenglaubens, wie *Arnold Toynbee* die Sache genannt hat, völlig unerklärt bleibt – beispielsweise unterm Stadtproletariat Roms, wo der Heiland der armen Leute Gehör fand, auch ohne Weltuntergang. Oder das (bereits erwähnte) Auftauchen des armen Jesus unter den *poverellos* des 13. Jahrhunderts, in der Weihnachtsfeier des Franz von Assisi zum Beispiel, im Wald von Greccio, anno domini 1223. Ferner ist dieser Jesus durchaus vorhanden unter den aufsässigen Bauern Siziliens; etwa in einem Zeitungsinterview mit einer dortigen Bäuerin aus dem Jahre 1893.

Frage: Wie steht ihr mit euren Priestern?

Antwort: Jesus war ein wahrer Sozialist. Aber die Priester vertreten ihn nicht richtig, besonders wenn sie Wucherer sind. In der Beichte sagten sie, daß die Sozialisten exkommuniziert seien. Aber wir antworteten, daß sie unrecht hätten.

Noch 1936, angesichts des brennenden Malaga, sagt ein alter spanischer Anarchist: Nicht ein Stein wird auf dem anderen bleiben.

Was wörtlich bei Markus im 13. Kapitel nachzulesen ist. Dieses

Fortwirken Jesu unter den Verdammten dieser Erde geschieht also trotz des – bereits diskutierten – manifesten Irrtums Jesu bezüglich eines nahe bevorstehenden Untergangs. Da setzt sich etwas in den Unterschichten der Christenheit fort, alle die Jahrhunderte hindurch, nicht gerade in Übereinstimmung mit dem offiziellen Jesus der großen Kirchen.

Und freilich saftiger als selbst bei Theologen vom Range eines *Rudolf Bultmann*, dessen Räsonnement die Fremdheit der ersten Christen gegenüber bürgerlichen Pflichten als lediglich zeitgeschichtliche Erscheinung interpretiert, womit Jesus für die Innerlichkeit des bürgerlichen Mittelstandes wieder einmal bewahrt ist, mitsamt existentiellem Anruf. Was nun die fröhliche Zukunft anlangt, wird am besten wörtlich zitiert: Die Zukunft aber kann grundsätzlich nicht wie in der Gnosis als ein phantastischer kosmischer Zustand verstanden werden, so sehr auch apokalyptische Zukunftsbilder vom Neuen Testament noch mitgeschleppt werden. Sie kann nur aus der Gnade Gottes verstanden werden als das ständige Voraussein Gottes, der, wohin der Mensch auch kommen mag, immer schon da ist.

Diese Sentenz haben bereits die Gebrüder Grimm aufgezeichnet, im Märchen vom Hasen und vom Igel, in der Mundartfassung: Ick bün all hier.

Jener Verführer

Die jüdischen Autoritäten sagen von Jesus, post mortem: Jener Verführer (nach Matthäus). Bei Lukas, während der Verhandlung vor Pilatus: Er bringt das Volk in Aufruhr. Und auch Johannes überliefert kritische Stimmen: Er verführt das Volk.

In den Evangelien bewegt sich Jesus unter Volksmassen, sie laufen ihm nach, jubeln ihm zu, wollen ihn gar zum König machen. Dann wiederum lesen wir von einsamen Wanderungen Jesus durch abgelegene Gegenden, nur die Schüler begleiten ihn dabei. Vom heißen Erbarmen Jesu ist die Rede: Mich erbarmt des Volkes – dann wiederum werden Verwünschungen laut,

ebenfalls aus dem Munde Jesu, voll von Bitterkeit. Er ruft ein Wehe über die Städte am See Genesaret, wo er gepredigt hat. Er fühlt sich enttäuscht, man hat nicht auf ihn gehört. Traurig ruft Jesus der Hauptstadt Jerusalem zu: Ihr habt nicht gewollt.
Jesus vergleicht seine Zeitgenossen mit Kindern, die sich nicht darüber einigen können, was sie spielen sollen: Mit wem soll ich dieses Geschlecht vergleichen? Kindern gleicht es, die auf den Marktplätzen sitzen und den anderen zurufen: Wir haben euch aufgespielt, und ihr habt nicht getanzt. Wir haben Klagelieder gesungen, und ihr habt nicht an die Brust geschlagen.
Niemand kann es diesen Menschen recht machen, nicht der asketische Täufer am Jordan, nicht Jesus, dessen Lebensweise unbefangen ist. Die Popularität Jesu, obwohl vorhanden, wirkt keineswegs eindeutig. Klar ist der Wille Jesu in den Seligpreisungen; das Echo darauf scheint mehrdeutig und gebrochen. Das Johannesevangelium, ohnehin tief pessimistisch gestimmt hinsichtlich Massenwirkung, steigert die Sache zu einer großen Auseinandersetzung, unmittelbar nach der wunderbaren Brotvermehrung: Wahrlich sage ich euch, ihr sucht mich nicht, weil ihr Zeichen gesehen, sondern weil ihr von den Broten gegessen habt und satt geworden seid. Und dann das große Wort aus der Versuchungsgeschichte, zum Teufel gesagt: Der Mensch lebt nicht vom Brot allein.
Ein Zitat aus dem fünften Buch Moses ist das, mit klarer Tendenz gegen Volksausspeisungen und Gulaschkommunismus; es geht um mehr als das tägliche Brot, gerade den Armen wird das unter die Nase gerieben, Wohlstand allein verleiht noch nicht den aufrechten Gang.
Dieser wird vielmehr gewonnen in der Hinneigung zu dem, der im Augenblick Hilfe braucht, und je geringer der ist, um so besser: Was ihr einem dieser meiner geringsten Brüder getan habt, das habt ihr mir getan.
Überhaupt ist es der Liebespredigt wesentlich, daß sie auch auf längere Frist nicht ganz unausführbar ist (Bloch). Wäre Jesus nur der endzeitliche Schwärmer gewesen, der den Armen den baldigen Himmel auf Erden versprach, die ewigen Jagdgründe

religiöser Traumlandschaften, er hätte sich mit der Liebespredigt nicht abmühen müssen. In ihr waltet kaum das profunde Desinteressement dessen, der rein passiv auf den großen Gerichtstag wartet. Vielmehr macht sich ein Eifer bemerkbar, eine Moralität auch, die darauf drängt, sofort ihre Weisungen zu verwirklichen: Geh hin und tu desgleichen.
Wobei wohlverstanden unten geblieben wird, gepredigt wird allemal den Armen. Wo sich ein Reicher für die Vorschläge Jesu erwärmt, muß er sich vorerst seines Besitzes entledigen. Ganz allgemein sogar: Verkaufet, was ihr habt, und gebt Almosen. Nirgendwo bewertet Jesus den sogenannten sozialen Aufstieg positiv, für diese Art von Kletterei findet er kein freundliches Wort. Empfohlen wird eher das Gegenteil, also der soziale Abstieg dessen, der seine Sparbücher kündigt und fortan nach einfacheren Standards lebt, mit Verzicht auf früheren Sozialstatus und vormals vorhandenes soziales Prestige: Wer sich selbst erniedrigt, der wird erhöht werden.
Oder auch: Da rief er ein Kind heran, stellte es in ihre Mitte und sprach: Wahrlich sage ich euch, wenn ihr nicht umkehrt und werdet wie die Kinder, so werdet ihr nicht in das Himmelreich eingehen. Wer sich also für gering hält wie dieses Kind, der ist der Größte im Himmelreich.
Wobei das Kind den untersten Rangplatz in der sozialen Schichtung versinnbildet, freilich ohne Unterwürfigkeit und Folgsamkeit und Bravsein (darüber später).
Kurzum: Jesus wirft das Menschheitsgesetz der sozialen Schichtung über den Haufen, mitsamt Statussymbolen und Prestigedenken. Er tut dies mit der Aufforderung, unten Platz zu nehmen. Denen, die dort ohnehin schon sitzen und für die – mühselig und beladen, wie sie sind – er ganz ausschließlich redet, rät er schrankenlose Hilfsbereitschaft gegenüber den geringsten der Brüder an, ganz ohne Neid gegenüber jenen, die oben schmausen. Vorausgesetzt wird dabei, daß auch der Arme gelegentlich etwas aufzuwarten hat: Wenn du ein Gastmahl gibst, so lade Arme, Krüppel, Lahme und Blinde ein.
Es mag sein, daß Jesus selbst um die geringen Chancen gewußt

hat, die er mit dem Prinzip der Neidlosigkeit selbst unter den Armen hatte. Es mag sein, daß er darüber belehrt wurde aus den Reaktionen seines Publikums. Mit Sicherheit läßt sich das Ausmaß realer Gefolgschaft für Jesus unterm Volk nicht mehr rekonstruieren. Ziemlich sicher aber läßt sich vermuten, daß Jesus mit seiner unterschichtigen Agitation etwas sehr Paradoxes im Auge hatte – nämlich eine radikale Unzufriedenheit mit Neidlosigkeit zu kombinieren.
Denn Fügung und Schickung in ein unabänderliches Los der Armen inklusive Jenseitsvertröstung ist ebenso wenig bei Jesus zu finden wie Gehässigkeit gegenüber den Fetten des Landes, wie sie in den Psalmen heißen. Der klassische Priestertrug läßt die Armen einzeln ins bessere Jenseits gelangen, nicht aber ruft er ihnen kollektiv das Selig zu, hic et nunc. Weil Jesus genau dies getan hat, weil er sich prinzipiell zu den Armen schlug und damit die herkömmliche Schichtung überhaupt unterlief, mußte er von der Obrigkeit des Aufruhrs bezichtigt werden. Die Ironie der Sache liegt allerdings darin, daß diese Anklage insofern ins Leere trifft, als Jesus keinerlei Enteignung der Reichen propagiert hat, wie noch zu zeigen sein wird. Und damit unter Umständen die Armen enttäuscht hat.

Die gesellschaftlich Benachteiligten

Man kann die Benachteiligten auch zählen, beispielsweise mit Hilfe der Einkommensstatistik. In dem Land mit dem derzeit höchsten Pro-Kopf-Einkommen der Erde, den Vereinigten Staaten, werden 17,1 % der weißen Haushalte als arm ausgewiesen, gegenüber 43,1 % der Negerhaushalte. Wirtschaftlich benachteiligt sind in diesem Land neben den Negern die Gruppen der Farmer, der alten Leute, die Kinder und die Südstaatenbewohner; diskriminiert sind ferner die älteren Arbeiter und – ganz allgemein – die berufstätigen Frauen.
Ein wichtiges Prinzip für die Gewinnung dieser Angaben ist der (statistische) Mittelwert, also beispielsweise das durchschnitt-

liche Einkommen im Jahr. Was unter diesem Wert liegt, gilt als unterdurchschnittlich, was darüber liegt, als überdurchschnittlich. Man addiert alle Jahreseinkommen zusammen und dividiert diesen Wert wiederum durch die Zahl der Einkommensempfänger; das so gewonnene arithmetische Mittel gilt dann als Norm des Durchschnitts. Die Rechenoperation spiegelt dabei durchaus die Routine des sogenannten gesunden Menschenverstandes wider – das Durchschnittliche gilt als das Normale. Als normal mag dann beispielsweise eine durchschnittliche Intelligenz gelten; ausnehmend dumme oder gescheite Menschen kommen selten vor. In der Statistik bildet sich derlei in einer (Gaußschen) Normalverteilung ab; sie weist ein streng symmetrisches Bild auf; die abnorm Dummen und Gescheiten halten einander die Waage. Wobei es allerdings den Dummen, Buckligen, unmäßig Dicken, Liliputanern, Homosexuellen, Querschnittgelähmten, Psychopathen, Alkoholikern, Bewohnern von Elendsquartieren und Kriminellen keineswegs nach Symmetrie zumute ist. Auch nicht den bereits zitierten Negern, Farmern und alten Leuten in den Vereinigten Staaten. Sie alle weichen ab, sind Abweichler vom heiligen Durchschnitt, von dem die Moral der Gesellschaften bestimmt wird, sind elend in jedem Fall, minderheitlich elend, auch wenn manche von ihnen wirtschaftlich das Auslangen finden mögen.

Die Vereinigten Staaten sind an einem Punkt angelangt, an dem die Armut einfach und ohne Mühe mit einem Federstrich beseitigt werden könnte. Die Anhebung der Einkommen jedes einzelnen und jedes Haushalts über das derzeitige Existenzminimum würde dieses Land etwa zehn Milliarden jährlich kosten. Das entspricht weniger als zwei Prozent des Bruttosozialprodukts, weniger als zehn Prozent der Steuereinnahmen und etwa einem Fünftel der Kosten für die nationale Verteidigung. Noch ist dieser Federstrich nicht vollzogen worden; jedoch selbst wenn – in god's own country – die wirtschaftliche Armut in absehbarer Zeit beseitigt werden sollte, bliebe das Elend der anderswie vom Durchschnitt Abweichenden durchaus bestehen. Die einsamen Alten sind auch bei auskömmlicher Rente arm genug daran.

Womit wir bei den von Jesus angesprochenen Weinenden sind, den sitzengebliebenen Mädchen, den von ihren Männern verlassenen Frauen, denen noch keine Revolution geholfen hat. Sie sind mit den Kategorien der sozialen Schichtung keineswegs erfaßbar, Geld allein macht nicht glücklich.

Der geringste der Brüder muß nicht unbedingt der wirtschaftlich ärmste sein, die Liebespredigt hat mit dem größten Glück der größten Zahl nichts zu tun. Anvisiert werden vielmehr die Beladenen überhaupt; nicht die normgebenden Durchschnittsverbraucher stellen die Zielgruppe Jesu dar, sondern eben die unglücklichen Minderheiten, inklusive der Hungrigen selbstverständlich, jedoch mit Krüppeln und Lahmen und Blinden dazu. Von ihnen her nämlich wird gedacht, sie geben die Norm, und nicht der Durchschnitt, nicht die Normalverteilung dienen als Maß und Gesetz für den Gerichtstag. Wer immer also zur kleinen Herde der Benachteiligten aller Schattierungen zählt, dem fällt das Reich zu, wie bei Lukas zu lesen ist.

Man darf von einer Ethik Jesu für die abweichenden und benachteiligten Minderheiten der Gesellschaft sprechen, ja von einer Aufforderung, die Gesellschaft möge sich an diesen ihren Minderheiten überhaupt zu begreifen beginnen, nicht an dem, was in ihr durchschnittlich gilt.

Von da her wird im Ansatz eine sehr fundamentale Gesellschaftskritik Jesu sichtbar, eine Brüskierung des Ensembles der Verhältnisse: Dieses Geschlecht ist ein böses Geschlecht. Was – nach Lukas – zu den zusammenströmenden Volksscharen gesprochen worden ist, ohne jede Anbiederung. Jesus votiert nicht für die Mehrheit, sie ist ihm bedeutungslos, mit demokratischen Spielregeln kommt man nicht in seine Nähe. In einer Denkübung nach modernen Kriterien müßte man Jesus beispielsweise bei den sogenannten Gastarbeitern suchen – wie es übrigens *Günter Herburger* in seinem Roman „Jesus in Osaka“ getan hat, gleich im ersten Kapitel. Oder auch bei den Obdachlosen: Die Füchse haben Höhlen, die Vögel haben Nester; der Menschensohn aber hat nicht, wohin er sein Haupt legen kann.

Oder, noch ärger, in der sogenannten Halb- oder gar Unterwelt

derer, die mit den geltenden Gesetzen und gesellschaftlichen Normen in einem permanenten Konflikt stehen. Zur Zeit Jesu waren das die bereits früher beschriebenen Zollpächter, also die Sünder schlechthin. Zu ihnen zeigt Jesus eine geradezu provokatorische Zuneigung. Ausgerechnet sie marschieren geradewegs in den Himmel, mit strengem Vorrang gegenüber der herrschenden Schicht: Die Zöllner und Dirnen kommen eher in das Reich Gottes als ihr.
Was – nach Matthäus – zu den Hohenpriestern und Ältesten des Volkes gesagt wurde.

Verlorener Sohn, Strafe muß nicht sein

In zwei Gleichnissen Jesu wird in Zahlen ausgedrückt, worauf es ankommt: Wer von euch, der 100 Schafe hat und eines von ihnen verliert, läßt nicht die 99 in der Wüste und geht dem verlorenen nach, bis er es findet? Oder welche Frau, die zehn Drachmen hat und eine Drachme verliert, zündet nicht ein Licht an und kehrt das Haus und sucht sorgfältig, bis sie sie findet?
Der Akzent liegt auf einem Zehntel, einem Hundertstel gar. Jesus ist offenbar – wenn schon unbedingt gerechnet werden soll – an recht kleinen Einheiten interessiert, an der *quantité négligeable* im strengen Sinn des Wortes. Denn ein Schaf oder ein Geldstück wird freilich eher gesucht als ein Mensch, der unter die Räder gekommen ist.
Wie beispielsweise der verlorene Sohn im bekannten Gleichnis, wo die Sache deutlich genug vor Augen geführt wird. Wichtig ist, daß den Mißratenen keine Strafe trifft, daß keinerlei Sanktionen verhängt werden. So privat zwar das Ganze gedichtet ist, also ohne Polizei und Gefängnis, so entschieden vertritt der anständig gebliebene Bruder eine fundamentale Befremdung angesichts der Milde des Vaters; so daß in diesem Befremden schon etwas Allgemeineres west, von dem übrigens auch der reuige Sünder überzeugt ist, während er ängstlich seine Bitte um Verzeihung entwirft, an die Adresse des Vaters: Halte mich wie einen von deinen Taglöhnern.

Daß er dann in Wirklichkeit gar nicht dazu kommt, seine Bitte um gerechte Bestrafung vorzubringen, ist eine feine Pointe im Gleichnis; Strafe muß also nicht immer sein. Angesichts des – noch dazu von barer Not getriebenen – Heimkehrers, einer rechten Jammerfigur insgesamt, wird ein Freudenfest veranstaltet: Wir wollen essen und fröhlich sein.
Eine Ausnahme also von den weniger fröhlichen Bräuchen der Disziplinierung der Missetäter und Abwegigen seit Adam und Eva, was schon bei den Kindern beginnt und notfalls am Galgen endigt. Diese Ausnahme ist mithin subversiv für jedwede Gerichtsbarkeit, ein Vater verzichtet auf die Rute, wo kommen wir da hin – mit all den Räubern, Ungerechten, Ehebrechern.
Diese Liste ist einem anderen Gleichnis Jesu entnommen, und der sie aufzählt, ist ein anständiger Mensch. Diesfalls ein Pharisäer, der sich im Tempel fromm berühmt, mit einem Seitenblick auf den weiter hinten vorhandenen Zöllner. Der wiederum darf durchaus als gewöhnlicher Gauner betrachtet werden, ein *white collar criminal*, wie man heute sagen würde, sicher kein edler Robin Hood. Einer, dem das Hemd näher ist als der Rock und dem ausnahmsweise einmal vor sich selber ekelt.
Dieser ging hinab in sein Haus als ein Gerechtfertigter, jener nicht – so Jesus. Kriterien für die Bevorzugung des reumütigen Lumpen gegenüber dem rechtschaffenen Frommen werden keine angegeben, jeder kann sich selber den Reim auf das Gleichnis machen.
Die Pharisäer (*peruschim* = die Abgetrennten, die sich Fernhaltenden) haben die erteilte Zensur sicherlich gut verstanden. Denn eben in ihrer Bruderschaft hielt man scharfe soziale Distanz zu allen jenen, die nicht streng nach der Tora lebten. Es entstand der Gegensatz zwischen den Heiligen und den Landleuten, den Unwissenden, die das Gesetz nicht kennen und nicht halten; der Gegensatz wurde auf das äußerste gesteigert, bis an die Grenze der rituellen Kastenabsonderung. Hier also haben wir: die Sekte.
Daß diese Neigung zur Absonderung vom jeweiligen Gastvolk für die Auslandsjuden überhaupt und allgemein bestimmend

wurde, daß die in der Antike stark vorhandene Judenfeindlichkeit auch in der vorchristlichen Zeit eine Antwort auf diese Haltung darstellte – dies alles ist nicht der Gegenstand dieses Buches.
Jedoch tritt der soziale Impuls Jesu vor diesem Hintergrund eines Kasten- und Parteiwesens in seiner Gesellschaft deutlich hervor. Wenn die Juden insgesamt gegen die in Mittelpalästina lebenden Samariter ethnische Vorurteile hegen, dann sympathisiert Jesus mit ausgerechnet dieser Volksgruppe – und wird auch prompt als Samariter beschimpft. Wenn sich die Pharisäer gegenüber den ungesetzlichen Torafremden abschließen – Jesus stellt sich auf deren Seite.
Er lehnt also etwas unter Menschen sehr Grundlegendes ab, nämlich die Etikettierung und Typisierung sozialer Gebilde unter- und gegeneinander. Die heilende Wirkung angesichts der einander wechselweise verachtenden gesellschaftlichen Gruppen geht für ihn von der Hinneigung zu den jeweils Verfemten, Vernachlässigten, Vergessenen aus.
In den Evangelien heißt dies: Erbarmen. Genauer gesagt – nach dem griechischen Original – eine Regung, die aus dem Inneren, aus den Eingeweiden aufsteigt. Der Vater im Gleichnis vom verlorenen Sohn, der barmherzige Samariter, der König in der Erzählung vom unbarmherzigen Knecht – sie alle werden von derselben Regung bewegt. Dann Jesus selbst, angesichts einer hungrigen Volksmenge, gegenüber einer Mutter, deren Sohn gestorben ist – immer geht es da um solche, die schlecht daran sind, im gegebenen Augenblick.
Ferner um ganze Gruppen, mit denen man nach den geltenden Regeln keine Gemeinschaft pflegt: Wenn ihr nur eure Brüder grüßt, was tut ihr da Besonderes?
Endlich, unüberbietbar: Liebet eure Feinde.
Es wird hiermit ein absonderliches Soziogramm entworfen. Den jeweils Angesprochenen wird nahegelegt, ausgerechnet jene Menschen zu bevorzugen, an die sie am wenigsten gedacht hätten, und wenn, dann mit Feindseligkeit. Die Vergessenen und die Gegner rücken in normgebende Positionen, von ihnen her

und zu ihnen hin soll gedacht werden. Nicht Eliten, nicht Mehrheiten bestimmen gesellschaftliches Benehmen, vielmehr die Armen, Weinenden, Hungrigen. Auf sie kommt es an in der Optik Jesu, und deshalb wendet er sich ihnen zu. Dieses Denken von der anderen Seite der Gesellschaft her widerspricht dem gesamten Fundus der menschlichen Sozialgeschichte; es steht konträr zur gesamten gesellschaftlichen Erfahrung aller Kulturen und Zeiten. In ihm wird etwas angezettelt, was viel später – in der französischen Revolution – als Idee der *fraternité* proklamiert werden sollte, etwas später als klassenlose Gesellschaft, mit den Proleten als Agens für eine fröhliche Zukunft. Das Scheitern des realen Jesus in der Geschichte nach ihm bleibt deshalb doch eine Tatsache. Was er bewirkt haben mag, war – immerhin – in den christlich tingierten Gesellschaften das Vorhandensein von Menschen, deren erklärter Lebensinhalt die täglich geübte Güte war, umgeben vom Gestank des Elends und der Krankheit. Von ihnen her gewinnt wenigstens das Almosengeben an Wertschätzung, wenn auch oft genug als relativ billige Freikarte in den Himmel der behaglich Lebenden.

Dennoch sind die Abstände, die die Menschen um sich geschaffen haben, seit Jesus kaum geringer geworden. Die von ihm als aggressionsmildernde Arznei verordnete Umkehr der Bewegungsrichtung kraft des Zugs nach unten ist nicht geschluckt worden.

Sonst reden die Steine

Che Guevara († 1967) erinnert manche nicht nur wegen seines Christusbartes an Jesus. Sanfte Augen hatte dieser gescheiterte Guerillero und Arzt, Minister wollte er nicht mehr länger sein in Kuba nach erfolgter Revolution, ging abermals in den Wald eines anderen Landes, nahm Abschied von seiner Familie, seine kleine Tochter erkennt ihn nicht. In der Tat mögen die sanft Entschlossenen am gefährlichsten sein für die Happy-Few in den oberen Etagen der Gesellschaft, und der beharrliche, der überlegte Zorn wirksamer als das Fuchteln derer, die große Reden halten.
Wenn es den Mächtigen dieser Erde an den Kragen geht, pflegen sie sich zu wehren. Alle vier Evangelien erzählen von einem spektakulären Einzug Jesu in Jerusalem inmitten seiner Anhänger gelegentlich des für ihn tödlichen Osterfestes. Manche Gelehrte haben in dieser Demonstration ein Indiz dafür gesehen, daß Jesus putschen wollte. Historisch sind derlei Mutmaßungen belanglos. Was Jesus bestimmte, als er mit seinen Anhängern zum Passafest nach Jerusalem zog, können wir nicht mehr sagen. Im Bericht des Lukas steht aber ein Jesuswort, das man in der Motorik seiner Empörung ungern einem späteren Redakteur zuschreiben möchte. Auf den Zuruf einiger Pharisäer, der Meister möge seinen Jüngern die Heilrufe untersagen, repliziert Jesus: Wenn diese schweigen, werden die Steine schreien.

Der Mann des Streites

Keiner, er sei denn verstört, lebt gern in einem ständigen Widerspruch zu den herrschenden Verhältnissen. Ist dies dennoch der Fall, mag dann auch eine Klage laut werden über diese

Lage, wie beispielsweise im Buch des Propheten Jeremia: Weh mir, Mutter, daß du mich geboren hast, den Mann des Streites und des Haders für das ganze Land. Nie saß ich fröhlich im Kreise der Lacher.

Zu prüfen wird sein, wo das Streitbare liegt in Jesus, wohin sein Zorn zielt, warum ihm das Lachen vergangen ist. Schon seine Haltung zu Tempelglaube, familiären Sitten und Klassenlage allein – wie in den vorangegangenen Kapiteln besprochen – hätte genügt, um den Argwohn der befugten Ordnungshüter auf ihn zu lenken – übrigens in jeder uns bekannten Gesellschaft, nicht nur in der jüdischen von damals.

Dazu kam, historisch außer Streit, der Bruch Jesu mit der zeitgenössischen Torafrömmigkeit, also dem religiös und kulturell verankerten Normengefüge seiner Gesellschaft, was unmittelbar zu seinem Tod geführt hat und ebenfalls bereits an anderer Stelle diskutiert worden ist.

Es bleibt also die Frage nach der Rebellion Jesu gegen die Machtverteilung und die Herrschaftsverhältnisse politischer Art einschließlich deren anerkannter Legitimierung in den Köpfen der Menschen im Judenland zur Zeit um Christi Geburt.

Auszugehen ist dabei – negativ – von der Tatsache, daß Jesus weder ein Putschist noch ein (nationaler) Revolutionär mit präzisem Aktionsprogramm war. Selbstverständlich war er kein sozialer Reformer, und auch die Typen der präpolitischen Sozialrebellen überhaupt – wie sie *Eric J. Hobsbawm* beschrieben hat – werden ihm nicht gerecht. Bei Jesus fehlt jedes Anzeichen eines Handelns mit dem politischen Ziel, die weltliche Herrschaft zu ergreifen (Jaspers).

Dennoch ist da ein roter Schein um Jesus, etwas Brandstiftendes durchaus: Ich bin gekommen, ein Feuer auf die Erde zu werfen. Was wollte ich lieber, als es brennte schon.

Auch fehlt die Waffe nicht: Meinet nicht, daß ich gekommen bin, Frieden über die Erde zu bringen. Nicht den Frieden zu bringen, bin ich gekommen, sondern das Schwert.

Ferner findet sich bei Jesus die Rücksichtslosigkeit eines Mannes, der etwas bewirken will: Wer die Hand an den Pflug legt und dabei zurückschaut, der taugt nicht für das Reich Gottes. Und – zu einem Jünger gesagt, der um Urlaub für das Begräbnis seines Vaters bittet: Folge mir, und laß die Toten ihre Toten begraben. Mit diesem schnellen Seitenhieb wird die menschheitsalte Sorge um die Toten ungeduldig abgetan. Jesus ist pietätlos, nicht einmal der Tod ist ihm heilig.

Bei großen jungen Männern kann man den Dimensionen, um die es geht, mit Maßstäben der Leistung und des inneren Gleichgewichts einfach nicht gerecht werden (Erikson). Dies zunächst wird man im Auge behalten müssen, um das grundsätzlich Rebellische, ja Kämpferische an Jesus nicht aus einer milderen Bewußtseinslage heraus abzuschwächen. Eben diese Haltung behutsamen Ausgleichs, unter anderem von Diplomaten und Theologen kultiviert, wird vom Jesus der Johannes-Apokalypse kräftig zurecht gewiesen: Wärest du doch kalt oder heiß. So aber bist du nur lauwarm, und ich spucke dich aus.

Dein Zorn ist zu langsam

Bevor Jesus noch geboren ist, läßt seine Mutter die Thronsessel purzeln – in einem Trotzlied voll von kühner Zuversicht, das Lukas ihr zuschreibt: Die Gewaltigen hat er vom Thron gestürzt, die Niedrigen erhöht.

Er – das ist diesfalls nicht der Gott der Royalisten und Legitimisten, denn das Marienlied ist voll von der alten prophetischen Revolte gegen den Übermut der Machthaber. Gott löst den Königen den Gürtel und bindet dafür einen Strick um ihre Hüften – so beispielsweise Hiob, ganz ohne Pardon.

Denn die Propheten in Israel haben schon früh sich dagegen gewehrt, daß irgendeiner ihrer Könige eine göttliche Aura um sich legte, wie es sonst durchaus üblich war in der Nachbarschaft, im alten Ägypten beispielsweise. Von wo man immerhin ausgezogen war mit Moses, der einen Fronvogt erschlug. Jahwe beginnt als Drohung an den Pharao, der Vulkangott des Sinai wird bei Moses zum Gott der Befreiung, des Auszugs aus der

Knechtschaft (Bloch). Schnell werden die Tänzer ums goldene Kalb niedergemacht, ihr könnt nicht Gott dienen und dem Mammon. Das war in der alten Nomadenzeit. Doch dann wurde man seßhaft in Kanaan, trieb Ackerbau, pflanzte Reben, Handel und Gewerbe regen sich, einschließlich sozialer Gegensätze. Das Geld bringt auch Korruption mit sich, Bestechlichkeit findet sich ausgerechnet bei den Richtern des Volkes, und dagegen erhebt sich die Forderung: Setze einen König über uns ein, wie es bei allen Völkern Brauch ist.

Der alte Wüstengott fügt sich dem, höchst widerwillig, und Saul wird in *Gilgal* zum König gemacht – ums Jahr 1030 v. Chr. Jedoch die Opposition gegen Königsherrschaft bleibt bestehen und rund 300 Jahre später zürnt der Prophet Hosea: Alle ihre Bosheit geschah in Gilgal.

Da war freilich die beste Zeit des Königtums – unter *Salomo* (etwa 970–930 v. Chr.) – schon wieder dahin, und die Propheten regen sich kräftig. Sogar in den Geschichtschroniken der Könige treten sie auf, Elija gegen Achab, Elischa gegen Joram – alles im 9. vorchristlichen Jahrhundert, mit Hungersnot als Hintergrund. Noch ohne ausführliche Predigt, jedoch in Todfeindschaft. Diese währt fort, Propheten pflegt man zu verfolgen.

Schließlich wird die Kritik schriftlich fixiert, wird zum festen Bestandteil der heiligen Bücher; zusammen mit Moses schlägt sich auch der Prophet Elija auf die Seite Jesu (in der Verklärungsgeschichte auf dem Berg Tabor) – als bedeutsamer Vertreter eines subversiven Enthusiasmus, voll von Scharfblick für soziale Übelstände.

Zunächst ging das prophetische Programm von der Beseitigung der Neuerungen aus, die das Königtum gebracht hatte, vornehmlich auf politischem Gebiet; des Militarismus mit seinen Rossen und Wagen, dem Kronschatz, des Harems der fremden Prinzessinnen und ihrer Kulte und der königlichen Günstlinge als Beamter, der Bau- und Ackerfronden der Untertanen (Weber). Hierin waltet ein restaurativer Zug, man trachtet zurück zur alten Ordnung der Nomadenkultur, die ohne Bürokratie ausgekommen war. Sodann die populäre Kritik an den sozialpolitischen Zuständen. In dieser Liste findet sich Bestechung und Rechtsbeugung, Unterdrückung der Armen, Geiz überhaupt – also die Vorwürfe der vorkapitalistischen Plebejer gegen höfische Beamte beziehungsweise patrizische Stadtgeschlechter.

Etwa zwischen 750 und 600 v. Chr. agitieren die altisraelischen Propheten auf dem Marktplatz oder am Stadttor, vornehmlich in Jerusalem, und immer gegen die Machthaber. Gelegentlich werden die Kernsätze von Freunden oder Schülern dieser Publizisten auch aufgeschrieben und vervielfältigt – wir stehen vor der frühesten unmittelbar aktuellen politischen Pamphletistik in der Geschichte (Weber). Vorab ging es um außenpolitische Fragen, denn das kleine Land hatte es schwer zwischen den damaligen Großmächten Ägypten und Assyrien.

Hier nun zeigt sich deutlich, daß die Propheten bei allem aktuellen politischen Engagement keinerlei Interesse am direkten politischen Handeln hatten: Jahwe allein war es, der die Verhältnisse ändern konnte, sein Zorn war ausschlaggebend, auch wenn er auf sich warten ließ: Dein Zorn ist zu langsam.

Trotz scharf antimonarchistischer Einstellung, trotz manifester Wendung gegen die oberen Gesellschaftsklassen haben die Propheten nie versucht, ihnen die Macht abzunehmen – wie das sonst bei revolutionären Bewegungen der Fall ist (Parsons). Dafür entwarfen sie die großen Bilder einer befriedeten Welt, in der die Schwerter zu Pflugscharen geschmiedet werden und die Spieße zu Winzermessern. Wo der Wolf beim Lamm wohnt, und der Löwe Stroh frißt.

Nur die Wucht der Prophetie machte Israel in diesem einzigartigen Maße zu einem Volk der Erwartung und des Harrens (Weber). Wobei – jedenfalls bei den Propheten – kein Burgfriede mit der vorhandenen Welt gemacht wurde, und von einer fundamentalen, gar weltflüchtigen Gleichgültigkeit gegen die realen Machtverhältnisse kann keine Rede sein.

Dies also steckt im weiter oben zitierten Marienlied des Lukasevangeliums, frisch genug. Wer immer das Magnifikat redigiert hat, als eine Kaskade von Zitaten aus der prophetischen Tradition, der wollte als Judenchrist in diese Überlieferung eintreten.

Allgemeiner gesprochen: Die frühchristliche Überlieferung, die in den Evangelien sich niederschlug, wollte Jesus als einen Propheten begreifen: Ein großer Prophet ist unter uns aufgestanden, und Gott hat sein Volk heimgesucht.
Über Jesus selbst, sein Eignes, wissen wir deshalb immer noch nichts. Wir wissen etwas über die Gedankenwelt, die ihn bestimmt hat, über den Enthusiasmus der erfüllten Zeit, wie er etwa in den Täufergruppen am Jordan herrschte, unter denen eine Urfassung des später von Lukas übernommenen Magnifikat vielleicht verbreitet war. Jene Täufergruppen also, von denen eine die um den Asketen Johannes war und in deren Kreisen sich auch Jesus aufgehalten haben mag, vor seinem öffentlichen Auftreten.
Ein Studium dieser Gedankenwelt der Taufbrüder bringt also bestenfalls etwas Atmosphärisches, das zum Verständnis der Voraussetzungen des Rebellischen in Jesus nützlich ist. Von einem ähnlichen Interesse mag etwa die Frage sein, bei wem Beethoven den Kontrapunkt studiert hat. Die Größe, die Maßgeblichkeit Jesu auch in seiner Rebellion wird jedenfalls dadurch allein nicht erfaßt, daß man ihn als den besten Schüler Johannes des Täufers oder auch der zornigen alten Propheten insgemein begreift.

Fürchtet euch nicht

Nichts fürchtet der Mensch mehr als die Berührung durch Unbekanntes. Man will sehen, was nach einem greift, man will es erkennen oder zumindest einreihen können. – Die endgültige Berührung, die Berührung, in die man sich findet, weil jeder Widerstand, und besonders der in der Zukunft, als aussichtslos erscheint, ist in unserem sozialen Leben zur Verhaftung geworden. – Es liegt nahe, den entscheidenden Akt der Macht dort zu finden, wo er seit altersher unter Tieren wie Menschen am auffallendsten ist: eben im Ergreifen. – Die Macht sendet Befehle aus wie eine Wolke von magischen Pfeilen. – Der Befehl ist älter

als die Sprache, sonst könnten ihn Hunde nicht verstehen. – Das Todesurteil und seine erbarmungslose Furchtbarkeit schimmert unter jedem Befehle durch (Canetti).
In diesen Sätzen wird das gefährliche Antlitz der Macht entlarvt. Wäre Jesus nicht ergriffen und verhaftet, verurteilt und hingerichtet worden, dann könnte man diesen Aspekt des gesellschaftlichen Lebens in der Diskussion des sozialen Verhaltens Jesu vernachlässigen. So aber hat Jesus die Gefährlichkeit der Macht von Menschen über Menschen ganz unverhüllt erfahren, und in ihrer legalisierten Gestalt, die bestellte Henker kennt.
Es fragt sich, ob Jesus dies alles mehr oder weniger passiv hingenommen hat, als Verhängnis etwa oder auch als Konsequenz und präsentierte Rechnung für seinen Neuerungswillen, seine Haltung gegenüber der Tora auch. Tatsächlich ist es nicht möglich, beim historischen Jesus eine direkte, prinzipielle und auf das Ensemble der Herrschaftsverhältnisse zielende kritische Agitation nachzuweisen.
Wenn Jesus kein aktiver Politiker war, keine soziale Revolution wollte, wenn ihm das Demonstrative fernlag, vielmehr all sein Leben Gehorsam gegen Gottes Wille war, so ist sein Handeln schwer zu verstehen. Denn er rief durch Gewalt (Tempelreinigung, Volksbewegung) die Gewalt gegen sich auf. Was er erduldete, war das Ergebnis seiner Tat. Es ist darin ein Zug des Kämpfens, der auch in andern Äußerungen seiner Persönlichkeit unverkennbar ist (Jaspers).
Es ist zu bedenken, daß der für Jesus unmittelbar bevorstehende Anbruch der Gottesherrschaft (anstelle von menschlichen Herrschaftsordnungen, immerhin) als von oben verfügter Schlag und Umschlag gesehen wird, nicht als ein von unten her aktiv zu betreibender. Man kann und soll sich lediglich darauf einstellen – indem man den Ruf Jesu zu geistiger Umkehr akzeptiert und im übrigen die Zeichen der Zeit richtig zu interpretieren sich bemüht. Das Messer im Sack der damaligen politisch Radikalen – *Zeloten* nannte man sie – bleibt für Jesus außer Betracht. Auch wenn – wie immer wieder vermutet worden ist – Judas Iskariot ein Zelot gewesen sein mag und ein gewisser Simon in den

Apostellisten ausdrücklich zu dieser Gruppe gezählt wird. Jesus war keineswegs das Haupt einer politischen Verschwörung, darüber ist sich die Wissenschaft heute weitgehend einig.
So seltsam es auch für den mit den damaligen Verhältnissen weniger Vertrauten klingen mag – als politischer Verschwörer-Messias hätte Jesus bei den jüdischen Behörden sogar gewisse Chancen gehabt. Wie etwa nach ihm *Bar Kochba* (= Sternensohn), der 132 n. Chr. zum Führer eines Aufstandes gegen die Römer wurde und den der damals angesehenste Schriftgelehrte Rabbi *Aqiba* als Messias begrüßte. Denn der Sternensohn rebellierte wohl gegen Rom, jedoch aus nationalem und restaurativem Impuls, also für den jüdischen Kirchenstaat einschließlich deren Priesterkaste, die ihm dann auch folgerichtig die Waffen segnen konnte.
In der Tat hat Jesus in der letzten nationalen Periode des jüdischen Gemeinwesens gelebt, die mit dem Einzug des römischen Pompeius in Jerusalem begann (63 v. Chr.) und mit dem Zusammenbruch der Erhebung des Bar Kochba im Jahre 135 n. Chr. endigte. (Bis zur Gründung des Staates Israel am 14. Mai 1948 hatten die Juden kein eigenes Land.) Dennoch war Jesus nicht von nationalen Hoffnungen bestimmt. Kein Wort vom Messiaskönig, der die Feinde zerschmettern wird, kein Wort von der Weltherrschaft des Volkes Israel, von der Sammlung der zwölf Stämme, von dem Glück im reichen und friedlichen Land und dergleichen (Bultmann). Das ist gerade in dieser Periode verzweifelter proletarischer Ausbrüche bemerkenswert. Jesus war weder ein nationaler noch ein restaurativer Messias, so viel steht fest.
Der Wegfall all dieser brisant politischen Koalitionsmöglichkeiten für Jesus, auch das Versäumnis der real politischen Nutzung seiner zumindest in Galiläa vorhandenen Popularität scheint aus Jesus einen harmlosen Schwärmer zu machen, dessen wirre Ideen für die bestehenden Machtverhältnisse belanglos waren. Gerade dies aber waren sie nicht, wie seine Hinrichtung zeigt, die von den führenden Kreisen zweifellos betrieben worden ist.
Diese wiederum wird – in den vorangegangenen Kapiteln wurde

dies diskutiert – aus dem abweichenden, ja kriminellen Verhalten Jesu angesichts des kulturellen und religiösen Normengefüges seiner Gesellschaft einigermaßen verständlich. Daß Jesus nun zu alldem auch das Machtgefüge als solches im vorhin beschriebenen Sinn kritisch ins Auge gefaßt hat, um ihm den Stachel zu nehmen – dies kann nur andeutungsweise gezeigt werden.
Es gibt da einen ziemlich verläßlich von Jesus selbst stammenden Ausspruch, der in die angegebene Richtung weist. Er lautet: Fürchtet euch nicht vor denen, die den Leib töten und darüber hinaus nichts tun können.
Wer der Macht beikommen will, der muß den Befehl ohne Scheu ins Auge fassen und die Mittel finden, ihn seines Stachels zu berauben (Canetti). Die Aufmerksamkeit, mit der wir hier nach den geringsten Indizien dafür fahnden, daß Jesus die Eingeweide der Macht ins Auge gefaßt hat, erklärt sich aus einer Erfahrung, die weder Marx noch Freud hatten – nämlich die 55 Millionen Toten des Zweiten Weltkriegs, den ein einziger Machthaber ausgelöst hat. Die Hilflosigkeit der sich auf Jesus berufenden großen Kirchen angesichts dieser Vorgänge verstärkt diese Aufmerksamkeit.
Dem heute empirisch feststehenden Zusammenhang zwischen Tötungswille und Machthaberei, Aggressivität und autoritärem Verhalten dürfte weder mit dem Freudschen Todestrieb (umstritten, wie er ohnehin ist) noch auch mit jener Bemerkung von Marx beizukommen sein, derzufolge der Tod ein harter Sieg der Gattung über das bestimmte Individuum ist.
In dem angeführten Jesuswort wird der Tod nicht als ein Naturereignis, sondern als Tötung erfaßt, als etwas von Menschen Bewirktes also. Hat Paulus eben diesen Aspekt erfaßt – aus dem Wissen, daß der Tod Jesu ein gewalttätig von Menschenhand verhängter war –, als er von Jesus schrieb, daß der Tod keine Gewalt mehr über ihn hat? Daß Jesus eine Möglichkeit des Überwindens eröffnet hat, die dem Tod den Stachel zieht? Daß das Heilende gerade aus dem Verzicht auf den rücksichtslosen Willen zum Überleben kommt? Gerade letzteres ist – nach Canetti – das Herz- und Kernstück der Macht.

Aus heutiger Perspektive gesehen, liegt das Problem darin, dem Machthaber den Giftzahn zu extrahieren, ohne dabei wiederum Macht zu akkumulieren. Ob Jesus dies so gesehen hat, kann nicht mehr sicher rekonstruiert werden. Die Furchtlosigkeit gegenüber den Kavernen der Macht einschließlich Tötung des Leibes, die Jesus vielleicht bewirken wollte, ist ein Indiz, kein Beweis.

Ihr habt die Lästerung gehört

Ähnlich ergeht es uns bei der Beurteilung der Haltung Jesu gegenüber dem obersten Mächtigen, dem allmächtigen Gott.
Der jüdische Gott ist ein patriarchaler Monarch (Weber). Die Idee eines heiligen Volkes, dessen König Gott ist, hat ihre Verwirklichung in dem seltsamen Gebilde eines Kirchenstaates gefunden (Bultmann). Das jüdische Gemeinwesen zur Zeit Jesu hat die Legitimierung ihrer konkreten Herrschaftsgestalt von einem obersten Herrn im Himmel droben empfangen. Die römische Besatzungsmacht hatte selbstverständlich damit nichts zu tun – aber sie war es ja nicht, die Jesus verhaftete.
Nicht einmal die Propheten mitsamt ihrer Rebellion gegen die Mächtigen im Lande haben die Souveränität Gottes angetastet: Denn meine Gedanken sind nicht eure Gedanken, und eure Wege sind nicht meine Wege, spricht Jahwe – so das Buch Jesaja. Das Interesse des biblischen Gottes an jedem, die Zähigkeit und Sorge, mit der er keine Seele vergißt, mag als hohes Vorbild für jeden Mächtigen dienen (Canetti). Nur in einem einzigen Fall ist der Alte der Tage, der sich von niemand in die Karten blicken läßt, innerhalb der jüdischen Frömmigkeit attackiert worden – im Buche Hiob. Nicht ohne gewisse Vorbilder trotziger Art, deren Revolte gegen Gott andeutungsweise in der Bibel stehen geblieben ist – so die Schlange im Paradies mit ihrem höchst aufwieglerischen Ihr-werdet-sein-wie-die-Götter, so auch der bereits früher erwähnte Kain. Bis zu Dostojewskij und Nietzsche richtet sich die Revolte ausschließlich gegen jene grausame und

kapriziöse Gottheit, die ohne überzeugenden Beweggrund das Opfer Abels dem des Kain vorzieht und dadurch den ersten Mord provoziert (Camus). Der Verfasser des Buches Hiob nun – um 450 v. Chr. (?) – läßt seine ins Unglück geratene Hauptfigur (er entnahm sie einer alten Sage) zur Prüfung der himmlischen Buchhaltung antreten, mit der Forderung an Gott: Laß wissen mich, warum du mich befehdest.
Ferner, gegen die Willkür Gottes gerichtet: Nur eins ist wahr, und darum spreche ich es aus – Unschuldige und Frevler rafft er hin. Wenn er mit seiner Geißel plötzlich tötet, dann spottet er der Angst von Unschuldigen.
Schließlich, mit deutlichstem Hinweis auf die Machtverteilung zwischen Gott und Mensch: Wenn's um die Kraft geht, ist er der Starke. Geht es ums Recht, wer lädt ihn vor?
Die Antwort Gottes – selbstverständlich aus einem Gewittersturm – ist die einer gereizten Majestät: Wo warst du denn, als ich die Erde gründete? Hast du vielleicht der Morgenröte ihren Platz gewiesen? Bist du gewandelt auf dem Grund des Meeres? Ein ganzer Katalog solch rhetorischer Fragen bringt Hiob endlich zum Verstummen: Was soll ich dir erwidern? Ich lege meine Hand auf meinen Mund.
Er wird dafür auch prompt belohnt: Jahwe wandte das Schicksal Hiobs und vermehrte alles, was er besessen hatte, auf das Doppelte. Womit die alte Ordnung wiederhergestellt ist, Hiob darf als frommer Dulder in die Kirchenfrömmigkeit eingehen, zitiert werden von ihm nur jene Aussprüche, die aus dem alten Volksbuch stammen: Jahwe hat gegeben, Jahwe hat genommen, der Name Jahwes sei gepriesen. Auch die schlußendliche Versöhnung zwischen Gott und Hiob bleibt innerhalb der herkömmlichen Machtverteilung, ja befestigt sie. Die Gnade ist ein sehr hoher und konzentrierter Akt der Macht, denn sie setzt die Verurteilung voraus; ohne daß eine solche vorausgegangen ist, kann kein Gnadenakt stattfinden (Canetti).
Immerhin sind auch die für die herkömmliche Gottesidee unangenehmeren Passagen des Buches Hiob erhalten geblieben; sie gehören zum offiziellen Bibeltext der Juden und der Christen.

Und das Erstaunliche dabei ist, daß hier eine böse Willkür in Gott selbst detektiert wird, mit unberechenbaren Launen, verheerenden Zornanfällen, eifersüchtig und empfindlich durchaus (C. G. Jung).

In Jesus ist kein Hiobs-Gedanke mehr – so urteilt Karl Jaspers. In der Tat findet sich in den Jesus-Texten nirgendwo ein Aufbegehren gegen den Willkür-Gott und Himmelsherrn monarchischer Prägung, mitsamt undurchschaubaren Ratschlüssen.

Dennoch ist Jesus als Ketzer und Lästerer von den jüdischen Behörden verhaftet worden, und der Ausspruch des Hohenpriesters bei Markus gelegentlich des – historisch wohl fiktiven – Verhöres Jesu vor dem Hohen Rat trifft die Sache recht gut: Ihr habt die Lästerung gehört.

Denn die Auslieferung an Pilatus unter der Beschuldigung, Jesus wäre ein politischer Empörer, war ein Vorwand. Jesus wurde als Feind des Gesetzes gefangengesetzt und als Feind des Kaisers von den Römern hingerichtet. Wenn aber Jesus in der Tat ein Häretiker war (und das steht fest), dann erhebt sich die Frage, ob er es nicht auch in bezug auf jenen Gott gewesen ist, der in den Köpfen seiner Zeitgenossen existierte.

Täglich, morgens und abends, hatte jeder männliche erwachsene Israelit zu beten: Höre Israel, Jahwe, unser Gott, Jahwe ist einer. Du sollst lieben Jahwe, deinen Gott, von ganzem Herzen, von ganzer Seele und mit all deiner Kraft . . . Ich bin Jahwe, euer Gott, der ich euch hinausgeführt habe aus Ägyptenland, um euer Gott zu sein. Ich bin Jahwe, euer Gott.

Die mehr als 1000 Jahre alte Geschichte der Entstehung der jüdischen Gottesidee ist heute hinlänglich erforscht; wir wissen, daß sie in ihrem Kern etwas Einmaliges ist. In ihr wurde im Prinzip etwas beseitigt, was für die archaische Religiosität charakteristisch ist, nämlich der Vorgang des Tauschgeschäfts zwischen Menschen und Göttern, bewerkstelligt durch magische und kultische Veranstaltungen zwecks Bannung und Besänftigung des Unberechenbaren – wie es sich in den Launen der Natur und der in ihr grundsätzlich vorhandenen Knappheit, in den Vorgängen des Geschlechtlichen, im Kranksein und im

Sterbenmüssen, in der Beeinträchtigung eigener Interessen durch andere kundtut. Das Fortleben archaischer Elemente im vorchristlichen Judentum – beispielsweise des Tempeldienstes – vermag diesen Befund nicht zu erschüttern. Denn entscheidend war, daß Jahwe in und durch die heiligen Schriften gegenwärtig war, also der Tora, was soviel wie Weisung bedeutet. Sie bedeutete dem Juden ein im Grund einheitliches Bezugssystem, dem er sich verpflichtet wußte. Zusammengehalten in seinen Details wurde es durch den Willen des Einen, der treu zu seinem Volke hielt und dem man gehorchen durfte.
Der jüdische Gott und die Tora gehörten demnach zusammen. Jedermann stand ebenso unter der Tora, wie er auch unter dem Gott stand, und wer immer neue Gesichtspunkte einführen wollte, mußte zunächst einmal beweisen, daß seine Lehre im Einklang mit der Tora stand – durch Bibel-Zitat und Bibel-Auslegung. So entstehen exegetische Schulen, und der Fundus erprobter Lehrmeinungen wird später auch schriftlich fixiert, beginnend in den ersten nachchristlichen Jahrhunderten, in Mischna und Gemara, Midraschim und Targumim.
In den Evangelien ist diese Mentalität durchaus vorhanden, in zahlreichen Hinweisen auf die heiligen Schriften, auch im Munde Jesu selbst: Und er begann mit Moses und allen Propheten und legte ihnen in allen Schriften aus, was sich auf ihn bezieht.
Mit dem realen Jesus hat das freilich wenig zu tun, wie man heute weiß. Vielmehr hat Jesus die schriftliche und die mündliche Tora gelten lassen, wann und wo es ihm richtig schien, und er hat sie übertreten, wann und wo es ihm richtig schien. Mit dieser selbstverliehenen Souveränität hat Jesus auch den Tora-Gott getroffen, nicht ausdrücklich trotzig und revoltierend, sondern wie ein Sohn, der Furcht und Trotz gegen den Vater gleicherweise hinter sich gebracht hat und in der Lage ist, ihm egalitär zu begegnen, in freundschaftlicher Weise, ohne jedwede Abhängigkeit. Jedenfalls läßt sich bei Jesus der für den gläubigen Juden charakteristische Gehorsam gegenüber dem Gesetzgeber-Gott nicht finden, und in eben dieser Haltung entdeckten die Gesetzeslehrer und Theologen seiner Zeit mit vollem Recht

etwas Blasphemisches. Dabei hat Jesus den Jahwe der täglichen Gebete gar nicht angegriffen, und in den gottesdienstlichen Veranstaltungen seiner Zeit wird er unbefangen mitgebetet haben. Seine Rebellion wirkt also eher indirekt, was für ihre Reife spricht, in diesem Zusammenhang.
Jesus war also weder Atheist noch *homme révolté* im Sinn von Camus; mit diesen modernen literarischen Kategorien erfaßt man ihn nicht. Sicher aber ist er ein Ketzer gewesen, auch und gerade im Hinblick auf die Gottesidee seiner Gesellschaft.

Gott ebenbürtig

Der Ungehorsam Jesu gegenüber dem Tora-Gott seiner Zeit verbindet sich mit einer Haltung, die sehr wohl Gottvertrauen genannt werden darf: Wer von euch wird, wenn ihn sein Sohn um Brot bittet, ihm einen Stein geben. Oder wenn er ihn um einen Fisch bittet, wird er ihm eine Schlange geben? Wenn nun ihr, die ihr böse seid, euren Kindern gute Gaben zu geben wißt, wieviel mehr wird euer Vater im Himmel denen Gutes geben, die ihn bitten.
Also ein freundliches Gottesantlitz zeigt sich da, ganz ohne boshafte Willkür. Allerdings nicht durchwegs und immer: Wenn dir aber dein rechtes Auge Anstoß gibt, so reiß es aus und wirf es von dir; denn es ist besser für dich, daß eines deiner Glieder verlorengehe als daß dein ganzer Leib in die Hölle geworfen werde.
Oder: Ich will euch zeigen, wen ihr fürchten sollt. Fürchtet den, der Seele und Leib in der Hölle verderben kann.
Zwar wird der Himmel-Vater in diesen Texten diskret verschwiegen; das drohende Antlitz der oberen Instanzen ist jedoch durchaus vorhanden, mit recht unangenehmen Konsequenzen. Die Gottes-Furcht wird durch Jesus nicht ausgetrieben, trotz voll gepredigtem Vertrauen; die Ambivalenz des himmlischen Vaters bleibt bestehen.
Es ist möglich, aber – wenn man will, leider – nicht verläßlich

belegbar, daß Jesus den allertiefsten Schrecken vor dem strafenden Vater droben im Himmel bewußt in sich überwunden und bewältigt hat. Der Mensch Jesus zeigt sich in seiner reinen Seele und in seinem Ringen mit den unerwarteten Realitäten. Dieses Ringen ist durch kein fertiges Selbstbewußtsein abgeschlossen. Angesichts des Unerwarteten, in der wachsenden Enttäuschung, vor dem Schrecklichen bleibt ihm nur sein Gebet: Dein Wille geschehe (Jaspers).

Was sich tatsächlich in Jesus ereignet hat in den nächtlichen Stunden vor seiner Verhaftung auf dem Ölberg, gar in der Agonie am Kreuz, das können wir nicht wissen. Die wenigen Texte, die darüber etwas andeuten, wird man ohne zwingende Gründe sicher nicht ohne weiteres unbeachtet lassen. Selbst wenn man sie gelten läßt, bleibt ihre Auslegung schwierig.

Sicher aber lebt in ihnen kein Sohnestrotz.

Ebenso sicher aber auch nicht das, was zuerst bei Paulus Opfertod genannt wird, mit vorausgesetzter Erbsünde, für die Jesus dem Vater mit seinem Leben und für alle Menschen insgesamt Sühne leistet. Alle diesbezüglichen Wendungen – auch in den Evangelien – sind mit hoher Wahrscheinlichkeit eine Auslegung, eine Interpretation der Passion Jesu durch seine Schüler.

Diese Jesus-Theologie des ersten Jahrhunderts faßt Jesus zunächst als einen Menschen auf, der von Gott adoptiert, dann durch Leiden und Tod geprüft, schließlich am dritten Tag auferweckt und in den Himmel aufgenommen wird. In anderen Texten wird Jesus nicht mehr auferweckt, sondern steht selber vom Tod auf. Schließlich ist dann Jesus selber Gott, sein Tod ein freiwilliges, zwischen Gott und den Menschen vermittelndes Sühne-Opfer priesterlicher Art, allgemein Versöhnung stiftend.

Diese klare Tendenz zur wachsenden Gleichberechtigung Jesu gegenüber Gottvater wurde schließlich – nach schwersten innerkirchlichen Gedankenkämpfen – im 4. Jahrhundert dogmatisch fixiert, im Begriff der *homoousia* (Wesensgleichheit) des Sohnes mit dem Vater, gegen alle – durchaus vorhandenen – Bestrebungen, den Sohn dem Vater unterzuordnen.

Von dieser Entwicklung (konträr zum damaligen hierarchischen Denken) mag vielleicht ein Licht auf den realen Jesus zurückfallen. Dergestalt, daß er selbst bereits jede Subordination gegenüber dem Allmächtigen – ohne Trotz, wie gesagt – verabschiedet und damit eben das angezettelt hätte, was später zur Thronbesteigung des Menschen Jesus wurde.

Das Haus des Starken

Der Dämonenbezwinger Jesus gehört zu den sichersten Elementen der Überlieferung, also zu seiner historischen Realität. Jesus hat als Exorzist Macht gegen Macht gesetzt, und seine Gegner erklären sich dies durch einen Pakt Jesu mit dem Teufel höchstpersönlich. Diese Gegner waren – nach Markus – die Schriftgelehrten, und diese gehörten zu den Führern des Volkes. Ihre Verteidigung gegen Jesus ist aufschlußreich, denn in der Verteufelung Jesu ereignet sich ein Projektionsmechanismus – aus dem Ich-hasse-dich wird ein Du-hassest-mich. Wobei natürlich eine reale Bedrohung der Position der Schriftgelehrten durch Jesus schon vorausgesetzt ist.
So daß sich in und hinter der Polemik um die Herkunft der Macht Jesu über diverse Teufel eine durchaus faßbare Machtbehauptung bemerken läßt.
Allgemeiner gesehen gehört die Dämonenbannung kulturgeschichtlich zu den Beschwörungen der verscheuchenden Art. Ihre Wurzeln reichen bis in die frühesten Anfänge der Kultur zurück – die Dämonen sind überall älter als die Götter (Van der Leeuw). Die Dämonenbezwingung ist nicht nur ein Stück der primitiven Religion, sondern ein wichtiges Element auch aller antiken Religionen; sie lebte wieder auf im Spätjudentum und im Hellenismus. Die Zeit Jesu war eine Blütezeit der Dämonenbannung (Heiler).
Die Teufelsbeschwörung mitsamt Austreibung der Dämonen aus den sogenannten Besessenen war demnach zur Zeit Jesu eine soziale Einrichtung – ähnlich der Sorge um die Geisteskranken

in modernen Gesellschaften. Man versucht sich also gegen etwas Widriges zu schützen, abschirmen will man sich gegen die mögliche Destruktion des gewohnten Vertrauten.
Dämonenglaube heißt: ich habe den Schrecken der Macht erlebt, die sich weder um meine Vernunft noch um meine Sitte kümmert (Van der Leeuw). Indem sich Jesus aktiv – als Exorzist – mit diesem Schrecken der Macht einläßt (freilich ohne offizielle Gewerbeberechtigung), hebt er sich von den Rabbinen ab, die derlei nicht taten und sich dafür als Lehrer definierten. Von Jesus hingegen sagt die Überlieferung sachlich richtig: Er lehrte sie wie einer, der Macht hat.
Zum zweifellos vorhandenen Moment des Predigenwollens tritt also bei Jesus noch etwas anderes Dunkleres, schwer zu Fassendes. Daß es sich dabei um ein Kräftemessen handelt, hat er selbst folgendermaßen ausgedrückt: Niemand kann in das Haus eines Starken einbrechen und ihn seiner Habe berauben, es sei denn, daß er zuvor den Starken bindet, dann kann er sein Haus berauben.
Diese Bildersprache deutet etwas an, was durchaus zu der hier interessierenden Frage nach der Rebellion Jesu gegen die Mächtigen dieser Erde gehören könnte, ein Wille wird bemerkbar zum Widerstand gegen das böse Starke überhaupt, dargestellt von Satan beziehungsweise Beelzebul, dem obersten Dämon, von denen im Kontext des angeführten Spruches die Rede ist. Ihn meint Jesus, wenn er sagt: Ich sah den Satan vom Himmel fallen wie einen Blitz.
Was herunterfällt, muß vorher oben gewesen sein und keinesfalls ohne Machtbefugnisse. Nicht alles, was oben sitzt und herrscht und mächtig ist, nicht jedwede Obrigkeit also ist in den Augen Jesu von vornherein legitimiert. Konkreter: Jesus hat sich um eine behördliche Genehmigung für seine Tätigkeit nicht gekümmert, er nahm sich seine Legitimierung selbst. Weder war er Priester noch ordentlich bestallter Gesetzeslehrer; nicht einmal zum Teufelaustreiben war er befugt. Kurzum, er war Laie, und als solcher mischte er sich in amtlich Geregeltes ein. Von Respekt vor der Obrigkeit ist beim historischen Jesus nicht die Rede.

Bei euch soll es nicht so sein

Jesus war – wie bereits angedeutet – ein notorischer Übertreter der Sabbatruhe. Gesellschaftliche Tabus als solche bedeuteten ihm nichts: Der Sabbat ist um des Menschen willen gemacht und nicht der Mensch um des Sabbats willen.
Oder: Welcher Mensch unter euch, der ein Schaf hat und dem es am Sabbat in die Grube gefallen ist, wird es nicht herausziehen? Um wieviel ist aber ein Mensch mehr wert als ein Schaf.
Das richtet sich wohl auch gegen die Pharisäer. Dennoch ist die Gegnerschaft Jesu zu dieser Gruppe nicht gewichtig genug, um in seiner Polemik nicht etwas Prinzipielleres entdecken zu können. Der Zorn Jesu richtet sich gegen die Fetischisierung und Versteinerung gesellschaftlicher Spielregeln, also gegen etwas, was in der Sozialpsychologie *Rigidität* genannt wird. Darunter (als entgegengesetzt zu Flexibilität) darf eine Tendenz zu einer Haltung des Alles-oder-Nichts verstanden werden, eine Abhängigkeit von wohldefinierten Ordnungsmustern und rituellem Verhalten, ein Mangel auch an Phantasie beim Suchen von Antworten auf neue Situationen.
Flexibilität – nicht zu verwechseln mit Labilität – könnte dann beschrieben werden als der Brauch, in jeder neuen Lage neu nachzudenken (Brecht).
Der Zusammenhang zwischen Rigidität und autoritärem Denken darf als gesichert betrachtet werden; er wird in der Kinderstube grundgelegt. Autoritär denkende Menschen sind unter der Herrschaft dominierender Eltern aufgewachsen, die mit Zwangsmaßnahmen und Gewalttätigkeit schnell bei der Hand waren. Die Befehlsempfänger, denen am gründlichsten mitgespielt wird, sind Kinder. Daß sie unter der Last von Befehlen nicht zusammenbrechen, daß sie das Treiben ihrer Erzieher überleben, erscheint wie ein Wunder. Daß sie es alles, nicht weniger grausam als jene, später an ihre eigenen Kinder weitergeben, ist so natürlich wie Beißen und Sprechen (Canetti).
Mit seiner – gewaltlosen – Attacke gegen Rigidität und Autoritarianismus ist Jesus in der Tat ein Stein des Anstoßes für alle

einschlägigen Herrschaftsgebilde familiärer, behördlicher, schulischer, wirtschaftlicher und militärischer Art, einschließlich der sie begleitenden und stützenden Ideologien philosophischer und theologischer Art. Daß die großen Kirchen durch Gehorsamspredigt und endloses Wiederholen jenes Gebt-dem-Kaiser-was-des-Kaisers-ist den realen ungehorsamen Jesus längst umgetauft haben, versteht sich – nach dem hierzu früher Gesagten – ohnehin von selbst und erklärt die Tatsache, warum der Kirchen-Jesus im allgemeinen unter Polizisten, Richtern, Bankiers, Offizieren, Politikern und ähnlichen Repräsentanten der Macht recht wohlgelitten ist, zumindest aber als harmlos empfunden wird. Die tatsächliche Mentalität Jesu jedoch spiegelt sich in einem Ausspruch wider, in dem das Haus des Starken tatsächlich betreten wird, mit durchaus subversiver Absicht: Ihr wißt, daß die, so als Herrscher der Völker gelten, sie unterjochen und daß ihre Großen sich Gewalt über sie aneignen. Bei euch aber soll es nicht so sein. Sondern wer unter euch der Größte sein will, soll euer Diener sein, und wer unter euch der Erste sein will, soll der Diener aller sein.

Daß diese Aufforderung zu herrschaftsfreien Gruppenstandards – wenn überhaupt – nur in der Liebeskommune um Jesus und (vielleicht) in einigen frühchristlichen Gruppen realisiert worden ist, wird im nächsten Kapitel besprochen.

Wichtig bleibt, daß in alldem eine rebellische Ausweitung des menschlichen Bewußtseins (Erikson) gegenüber ältester Unterwürfigkeitshaltung zutage tritt. Dabei hat Jesus eben gerade nicht den Teufel durch Beelzebul ausgetrieben, nämlich durch Machtergreifung und Fuchteln mit Schwertern, nebst Plünderung der Paläste. Vielmehr kündigte er den Machtgebilden, Befehlsketten und Hackordnungen insgemein das baldige Ende an, und er hielt auch einen reservierten Platz für all das durchaus bereit – nämlich in der Hölle.

Freunde nenne ich euch

Keine anderen Jesusworte sind im Lauf der langen Kirchengeschichte so oft und so bedeutungsvoll wiederholt worden: Dieses ist mein Leib für euch. Dieser Kelch ist der neue Bund in meinem Blut.

Das letzte Abendessen Jesu mit seinen Jüngern, so umstritten es in seiner Bedeutung auch ist, gehört zu den historisch sicheren Tatsachen. Daß Jesus dabei einen sakramentalen Ritus eingesetzt hat, ist eher unwahrscheinlich. Plausibel aber ist, daß von Jesus damals etwas dermaßen Zwingendes ausging, ein letzter Wille auch, daß die Schüler sich dessen vergewissern wollten, als der Meister nicht mehr bei ihnen war. So daß sie jenes Abschiedsessen noch einmal und immer wieder zugerichtet haben, was übrigens auch von der sogenannten Apostelgeschichte im Neuen Testament glaubwürdig berichtet wird: Sie verharrten in der Lehre der Apostel und in der Gemeinschaft, im Brotbrechen und den Gebeten. Täglich weilten sie einmütig im Tempel, brachen reihum in den Häusern das Brot und nahmen Speise zu sich in Fröhlichkeit.

Mit dem Brotbrechen ist eben jene Wiederholung der Jesus-Mahlzeit gemeint, und sie fand in den Wohnungen statt, in gelöster Stimmung, während die herkömmlichen religiösen Handlungen dieser ersten Judenchristen ganz unbefangen noch im Tempel sich vollzogen. Beschrieben wird hier das Leben einer relativ kleinen Gruppe mit starken Gefühlsbindungen untereinander, und eben dieser Befund weist auf jene Gruppe zurück, mit der Jesus die Tage und Nächte seines öffentlichen Wirkens verbracht hat. Mit diesen Menschen hat Jesus ein paar frisch gefangene Fische gebraten, unter freiem Himmel oder auch in irgendeiner Kammer geschlafen; wohl ganz ohne Pathos und Pose, bei solcher Intimität des Zusammenlebens ohnehin schwer vorstellbar.

Die – im Vergleich zu Buddha oder Mohammed, die ähnliche Gruppen um sich hatten – außerordentlich kurze Zeit der Ausbildung einer Jüngergruppe um Jesus hat genügt, um ihr eine sehr hohe Stabilität zu geben und die entscheidende Krise beim Tod des Meisters zu bewältigen. Womit Jesus etwas gelungen ist, das als Wunschbild und Maß vieler späterer Nachahmungsversuche oft beschworen wurde und – zumindest auf längere Dauer – immer zum Scheitern verurteilt war.

Vier Uhr Nachmittag

Der 1961 veröffentlichte Papyrus Nr. 75 stellt neben dem ebenfalls neuerdings aufgefundenen Papyrus Nr. 66 die derzeit älteste griechische Abschrift des Johannesevangeliums dar; er stammt aus der Zeit zwischen 175 und 225 n. Chr. Noch älter (um 130 n. Chr.) ist ein vor 35 Jahren entdecktes Papyrus-Fragment, das einige Zeilen aus dem 18. Kapitel des Johannesevangeliums bringt.
Solche Ergebnisse zeigen, mit welchem Fleiß alle Informationen zusammengetragen werden, die unsere Kenntnisse über die Vorgänge in jenen ersten hundert Jahren nach dem Tod Jesu vermehren können – im angeführten Fall geht es um die Abfassungszeit jenes vierten Evangeliums, das uns in diesem Kapitel besonders beschäftigen wird. Denn dort stehen in der Tat die meisten Hinweise für das Verhältnis Jesu zu seinen engsten Vertrauten, unter dem Motto: Da Jesus die Seinen in der Welt liebte, so liebte er sie bis zum Ende.
Das Evangelium nach Johannes, das vierte und letzte im Neuen Testament, wurde um die Wende vom 1. zum 2. nachchristlichen Jahrhundert von einem namenlosen Unbekannten zu Papier gebracht. Als einziges Evangelium stellt es eine originelle und literarische Verarbeitung des Jesus-Stoffes dar, nicht ohne Kenntnis ältester Nachrichten über das Wirken Jesu. Jesus hat nicht so gesprochen, wie er es im vierten Evangelium sehr ausführlich tut, feierlich als bereits entrückter Gott. Wobei

jedoch ab und zu ein Alltagswort fällt, wie ein Schnappschuß in einem Familienalbum, das ansonsten von zeremoniösen Atelierfotos bestimmt wird. So sagt Petrus zu seinen Kollegen ohne viel Umstände: Ich gehe fischen, und die antworten: wir kommen mit. Dann steht Jesus am Ufer und ruft zum Boot herüber: Kinder, habt ihr nichts zu essen?

Dieser Originalton erklingt auch in der Erzählung des Zusammentreffens der ersten Jünger mit Jesus am Jordan, wobei Johannes der Täufer Regie führt. Er weist zwei seiner Jünger auf den vorbeikommenden Jesus empfehlend hin, und die gehen ihm nach. Schließlich dreht Jesus sich um, fragt: Was sucht ihr? Die beiden antworten mit einer Frage: Rabbi, wo wohnst du? Darauf Jesus, einladend: Kommt mit, ich zeige es euch.

Der Text fährt fort: Sie gingen also mit und sahen, wo er wohnte, und blieben jenen Tag bei ihm; es war ungefähr die zehnte Stunde. Da hat sich einer an die Tageszeit erinnert – vier Uhr am Nachmittag. Einer, der damals dabei war und in seinen Erzählungen später dieses Detail für erwähnenswert hielt, bis es schließlich aufgeschrieben wurde.

So beginnt sich also ein Kreis von Männern um Jesus zu sammeln. Aus den Biographien der großen Stifter erfahren wir, daß sie in der Folge eines entscheidenden religiösen Erlebnisses, das sie als einen „Ruf" auslegten, oder in einem besonderen Alter beziehungsweise in einer besonderen Periode ihres Lebens beginnen, Jünger zu gewinnen (Wach). Neben Jesus finden wir dies bei Buddha, Mohammed und Konfuzius, bei Lao Tse, Zoroaster, Mani und Jina. Sozialpsychologisch ist bei allen der maskuline Charakter auffällig. Sie hatten – mit Ausnahme Mohammeds – keinen Familiensinn, sind aber innig verbunden mit ihren Schülern oder Jüngern. Die maskuline Grundhaltung war eine faktische, sie entsprang nicht aus einem Willen oder Prinzip (Jaspers). In den Evangelien wird dieser engste Kreis verschieden benannt: Apostel, die Zwölf, die Jünger.

Wichtig scheint in diesem Zusammenhang jenes Kriterium, das Petrus nennt: Jene Männer, die mit uns zusammen waren in der ganzen Zeit, da Jesus unter uns aus und ein ging, von der Taufe

des Johannes angefangen bis zu dem Tage, da er von uns hinaufgenommen ward.
Viel mehr als 20 oder 30 scheinen es nicht gewesen zu sein, auch wenn Lukas gelegentlich von 70 Jüngern spricht (oder von 72, das ist sechs mal zwölf, also mit Zahlensymbolik), die Apostelgeschichte 120 und Paulus einmal sogar 500 Brüder erwähnt. Bei alldem sind wir aber bereits bei den frühen Judenchristen Palästinas, die den Jüngernamen gern für sich in Anspruch nahmen.

Mit Jesus waren auch Frauen – so Lukas –, die sich in Galiläa an ihn angeschlossen hatten und der Gruppe mit ihrem Vermögen zur Verfügung standen. Frauen auch unterm Kreuz. Frauen erzählen den Aposteln von Erscheinungen am leeren Grab, Frauen versammeln sich mit Petrus und den anderen Schülern zum Gebet vorm Pfingstfest. Einige von ihnen werden mit Namen genannt, so die Maria aus *Magdala*, einer wegen ihrer freien Sitten bekannten Stadt.
Daß Jesus Frauen in seiner näheren Begleitung hatte, war ein ausgesprochener Skandal in der damaligen Gesellschaft, etwas Zigeunerhaftes wird da sichtbar, Verachtung gab es sicherlich in Fülle für diese provokante Kommune. Die diesbezügliche Unbefangenheit Jesu ist jedenfalls keine Legende, von Frauenverachtung kann bei ihm keine Rede sein. In aller Öffentlichkeit richtet er das Wort an weibliche Wesen, was an sich schon unerhört, im Fall einer an Blutungen leidenden Frau – so Markus – geradezu unanständig war. Derlei Unmutsbildung hat Jesus überall begleitet, die Gruppe um Jesus fällt gar sehr aus dem Rahmen, auch aus dem religionsgeschichtlich bekannten des durchwegs männlichen Jüngerkreises, und von einem ausgeprägten Sinn für Anstand ist hier nicht sehr viel zu bemerken.

Seht wie lieb er ihn hatte

Nur im Johannesevangelium wird davon berichtet, daß Jesus persönlicher Zuneigung fähig war: Jesus liebte nämlich Martha und ihre Schwester und den Lazarus.

Daß Jesus im Haus dieser Geschwister verkehrt hat, wird auch von Lukas erzählt; nur das vierte Evangelium jedoch unterstreicht die Sympathie Jesu für Lazarus noch einmal, als es von den Tränen Jesu über den toten Freund berichtet und die anwesenden Gäste sagen läßt: Seht wie lieb er ihn hatte.
Im vierten Evangelium taucht auch – exklusiv – der „Jünger, den Jesus liebte", auf; wahrscheinlich ist damit der Apostel Johannes selbst gemeint, der jenem Evangelium den Namen gab. Nur im Johannesevangelium nennt Jesus die Jünger seine Freunde: Ich nenne euch nicht mehr Knechte; denn der Knecht weiß nicht, was sein Herr tut. Euch aber habe ich Freunde genannt, weil ich euch alles kundgetan habe, was ich von meinem Vater gehört habe.
In einer berühmten Passage seiner „Phänomenologie des Geistes" hat der Philosoph *Friedrich Hegel* die Herrschaft und die Knechtschaft als zwei entgegengesetzte Gestalten des Bewußtseins begriffen – hier das selbständige des Herrn, dort das unselbständige des Knechts. Wenn diese Analyse zutrifft, dann hat Jesus – gemäß dem vierten Evangelium – eben diese Entgegensetzung zwischen seinem eigenen, überlegenen Bewußtsein und dem unterlegenen seiner Schüler aufheben wollen. Wobei er keineswegs auf sein Eigenes, Unverwechselbares verzichten will: Ihr ruft mich Meister und Herr, und mit Recht sagt ihr das, denn ich bin es auch. Wenn nun ich, der Herr und Meister, euch die Füße gewaschen habe, müßt auch ihr einander die Füße waschen. Denn ich habe euch ein Beispiel gegeben, damit auch ihr tut, wie ich euch getan habe.
Jesus wählt – in der Abendmahlserzählung des vierten Evangeliums – eine erniedrigende Handlung, um das ihm Vorschwebende den Seinen deutlich zu machen – er wäscht ihnen, einem nach dem andern, die sicherlich schmutzigen Füße, verrichtet Sklavendienst. Die derart schweigend erzeugte Fassungslosigkeit bildet die Voraussetzung für ein mögliches Begreifen seiner Absicht, die er sodann mit Worten beschreibt. Jesus entschärft damit seine eigene Führungsposition in der Gruppe, ohne sie freilich aufzugeben. Ihm schwebt also eine herrschaftsfreie Bezie-

hung vor, auflösen will er das Unterwürfige in seinen Schülern und das damit verbundene Denken in Rängen und Plätzen auf hierarchischen Leitern, jeder soll jedem dienlich sein.
Was hier von Jesus ausgeht, heißt *agape*, eine im damaligen Schrifttum nur selten auftauchende, im Neuen Testament jedoch sehr häufige Vokabel; sie wird im Deutschen mit „Liebe" übersetzt.
Diese Haltung ist – immer noch in der Sicht des vierten Evangeliums – nicht die einer allgemeinen Menschenliebe notwendig abstrakter Art, sondern bezieht sich ausdrücklich auf die (kleine) Gruppe: Eine größere Liebe hat niemand als die, daß er sein Leben hingibt für seine Freunde.
Nichts von Kirchengründung, Taufbefehl, Weltmission und Ämterordnung in einem zu schaffenden religiösen Großgebilde – alle diese Inhalte sucht man im Johannesevangelium vergebens. Selbst das Reich Gottes, für Jesus so wichtig, wird hier zu einer eher bescheidenen Angelegenheit und ganz ohne Königsidee.
Diese lebendige Harmonie von Menschen, ihre Gemeinschaft mit Gott, nennt Jesus das Königreich Gottes; die jüdische Sprache gab ihm das Wort Königreich, das etwas Heterogenes in den Ausdruck göttlicher Vereinigung der Menschen bringt, da es nur eine Einheit durch Herrschen, durch Gewalt eines Fremden über ein Fremdes bezeichnet, die aus der Schönheit und dem göttlichen Leben eines reinen Menschenbundes ganz entfernt werden muß (Hegel). Diese Entfernung ist im vierten Evangelium durchaus vollzogen. Denn selbst der entsprechende Ausdruck (*basileia tou theou* = Königreich Gottes) kommt in diesem Evangelium nur ein einziges Mal vor, und da mit veränderter Bedeutung, nämlich ohne eintreffenden Schlag kosmischer Zerstörung und Neubildung.
Nochmals der junge Hegel, der als Student im Tübinger Konvikt mit Hölderlin und Schelling von einer neuen Gestalt des Christlichen geträumt hatte, in der Gestalt der Johanneskirche: Ein Kreis der Liebe, ein Kreis von Gemütern, die ihre Rechte an alles Besondere gegeneinander aufgeben und nur durch gemeinschaft-

liches Glauben und Hoffen vereinigt sind, deren Genuß und Freude allein diese reine Einmütigkeit der Liebe ist, ist ein kleines Reich Gottes.
Das Maß, das der johanneische Jesus diesem kleinen Reich gibt, ist einfach genug: Daß ihr einander liebet, wie ich euch geliebt habe.
Eine solche Predigt ist deshalb erstaunlich, als sie ausgerechnet in jenem Evangelium steht, das Jesus als göttliche Lichtgestalt von oben her einführt, im feierlichen Prolog und auch sonst im Text, außeralltäglich durchaus, vom Himmel hoch, da komm ich her. Womit wenigstens die Möglichkeit besteht, daß in jenem Evangelium einer mitredet, dessen Erinnerung an den realen Jesus stark genug ist, um in all dem Gottesglanz sich durchsetzen zu können, den der Verfasser um Jesus legt.

Die Seinen nahmen ihn nicht auf

Das Schicksal Jesu war nicht ganz das Schicksal seiner Gemeinde; da sie ein aus mehreren Zusammengesetztes war, die zwar in gleicher Trennung von der Welt lebten, so fand aber jedes Mitglied mehrere ihm Gleichgestimmte, sie hielten sich zusammen und konnten sich in Wirklichkeit von der Welt entfernter halten, und da damit des Zusammentreffens und Widerstoßens an ihr weniger war, so wurden sie weniger von ihr gereizt, lebten weniger in der negativen Tätigkeit des Kampfes, und das Bedürfnis nach positivem Leben mußte in ihnen größer werden, denn Gemeinschaftlichkeit des Negativen gibt keinen Genuß, ist keine Schönheit (Hegel).
Diese Analyse stützt sich auf jene Informationen über die früheste Christengemeinde in Jerusalem, wie sie uns in der Apostelgeschichte des Lukas (entstanden bald nach 70 n. Chr.) gegeben werden: Sie waren ein Herz und eine Seele und kein einziger sagte, daß etwas von seinem Besitz sein eigen sei, sondern sie hatten alles gemeinsam ... Wer Grundstücke oder Häuser besaß, verkaufte sie, brachte den Erlös und legte ihn den

Aposteln zu Füßen. Davon wurde jedem zugeteilt, je nachdem er bedürftig war ... Sie waren beim ganzen Volk beliebt.
Das sozialpsychologisch Interessante an diesem Bericht liegt nicht so sehr in jenem viel diskutierten Liebeskommunismus der ersten Christen als in dem Hinweis, daß keine Spannungen zwischen dieser (minderheitlichen) Gruppe und der gesellschaftlichen Umgebung vorhanden waren. Der Ton ist durchaus freundlich, die Christen werden als fröhliches Volk geschildert, arglos und heiter sind sie durchaus, sie fühlen sich wohl, von Rachegefühlen ist nicht die Rede, täglich stoßen welche zu ihnen.
Daran ändern auch die bald einsetzenden Schwierigkeiten mit der Polizei nicht viel, wenigstens in der ersten Zeit. Man hört von Verhören und vorübergehenden Verhaftungen der Apostel, und insbesondere Petrus nimmt sich bei solchen Gelegenheiten kein Blatt vor den Mund: Man muß Gott mehr gehorchen als den Menschen.
Dennoch scheint zunächst alles gut zu gehen, die Apostel gehen frei und dehnen ihre Wirksamkeit aus, auch nachdem Stephanus gesteinigt worden war und ein gewisser Saulus sich als Scharfmacher gegen die Christen hervortat. Denn aus diesem Saulus wird der spätere Apostel Paulus, vor der Stadt Damaskus trifft ihn ein Licht vom Himmel, und er vertritt fortan die Sache Jesu. Die Christengemeinden in Palästina haben wieder Frieden: Sie bauten sich auf und wandelten in der Furcht des Herrn und wurden erfüllt vom Trost des heiligen Geistes.
Soweit die Apostelgeschichte über die Lage im Land Jesu während der ersten zehn Jahre Christentum. Innenpolitisch wichtig dürften diese Jesusgruppen ohnehin nicht gewesen sein; der jüdische Geschichtsschreiber *Flavius Josephus*, der in der zweiten Hälfte des Jahrhunderts Jesu lebte, hat in seinen umfangreichen historischen Werken weder Jesus noch die Christen erwähnt (eine einzige diesbezügliche Stelle ist in ihrer Echtheit umstritten).
Die Jesusgläubigen im Judenland wirken harmlos; sie halten sich an die Tora, Auseinandersetzungen meiden sie, Jesus ist für

Israel gekommen, er wollte seinem Volk die Vergebung der Sünden bringen, Gott hat ihn anerkannt, als Messias wird er wiederkommen zur allgemeinen Wiederherstellung der Dinge.

Dieses Bild der Entwicklung der urchristlichen Gruppen innerhalb der ersten zehn Jahre ihres Bestehens in Palästina läßt sich prüfen, und zwar anhand der heutigen Erkenntnisse der Sozialpsychologie, näherhin der sogenannten Gruppendynamik. Nach der ersten Regel von *G. C. Homans* ist die Zunahme der Häufigkeit von Kontakten zwischen zwei oder mehreren Personen mit einer Vermehrung der Sympathiegefühle zwischen ihnen verknüpft.

Ferner gilt: Eine Vermehrung der „Binnenkontakte" (Kontakte zwischen den Angehörigen einer Gruppe) führt zu einer Verringerung der „Außenkontakte" (Kontakte der Angehörigen einer Gruppe zur Umgebung); das ist der Inhalt der zweiten Homansschen Regel. Jedoch ist in ihr noch ein weiterer Faktor berücksichtigt, nämlich das Anwachsen der Abneigung seitens der Gruppe gegenüber den Außenstehenden. Und eben dieses Moment einer zunehmenden Aggressivität nach außen ist uns bei der Diskussion des Gefühlsklimas innerhalb der ersten Christen noch nicht begegnet. Vielleicht hat es tatsächlich erst nach einer Weile eingesetzt, nach jenen ersten paar Jahren heiterer Unschuld.

Sicher ist, daß jenes Wunder einer friedlichen Enthusiastik nicht lange gedauert hat; man braucht nur die ersten drei Evangelien zu lesen. Vieles in ihnen ist – wie bereits erwähnt – nicht zum Handeln und Reden des realen Jesus gehörig, sondern der Verarbeitung eben dieses Jesus in den frühchristlichen Gruppen zuzuschreiben; die Fachwissenschaft spricht in solchen Fällen von (literarischer) „Gemeindebildung". Gemeindebildung ist beispielsweise sehr viel von dem, was an erbitterter Auseinandersetzung Jesu mit den Pharisäern in den Evangelien steht. Dieser Hinweis allein genügt, um den sozialpsychologischen Tatbestand der Spannung zwischen den Christengemeinden Palästinas und ihrer Umgebung zu demonstrieren.

Nun aber zum vierten Evangelium. In ihm hat sich, mit der

Jüngerliebe geradezu verschweißt, eine schwere Gereiztheit niedergeschlagen, bereits im berühmten Prolog, wo die Wir-Gruppe der Sie-Gruppe in scharfem Kontrast gegenübersteht: Wir haben seine Herrlichkeit geschaut . . . Aus seiner Fülle haben wir alle empfangen – so redet die Gruppe der Jesusgläubigen, die Wir-Gruppe.

Von der Sie-Gruppe, den übrigen Menschen, wird hingegen gesagt: Die Welt hat ihn nicht erkannt . . . Er kam in sein Eigentum, aber die Seinigen nahmen ihn nicht auf.

Er – das ist natürlich Jesus. Die Seinigen – das sind die Juden. Das Problem entzündet sich am rätselvollen Unglauben der Juden. 71mal spricht das vierte Evangelium einfachhin von „den Juden", während die anderen drei Evangelien diesen Ausdruck insgesamt nur 16mal verwenden, um ansonsten die einzelnen Gruppen beim Namen zu nennen (Pharisäer, Schriftgelehrte, Älteste etc.).

Ferner neigt das vierte Evangelium zu einer starken ideologischen Polarisierung, die sich unter anderem in Gegensatzpaaren ausdrückt: Licht–Finsternis, Wahrheit–Lüge, Geist–Fleisch (diese drei zusammen mit der Qumran-Literatur), dann Tod–Leben, unten–oben, irdisch–himmlisch, Gott–Welt, Freiheit–Knechtschaft.

Eine solche Schwarzweißmalerei fügt sich ohne weiteres in das von der einschlägigen Forschung beschriebene Bild einer gut integrierten Gruppe mit starken emotionalen Bindungen untereinander, wozu in unserem Fall noch der Minderheitenstatus kommt. Die positiv besetzten Begriffe der oben angeführten Gegensatzpaare stellen die Selbsteinschätzung der Wir-Gruppe dar, die negativen Pole sind für die Gegner reserviert.

Vor diesem Hintergrund wird verständlich, daß im vierten Evangelium sogar Jesus an bedeutungsschwerer Stelle nur für die Gruppe beten darf: Nicht für die Welt bitte ich, sondern für die, die du mir gegeben hast.

Die Liebe ist nicht geraten, es sei denn im ganz kleinen Bund (Bloch). Nach dem soeben Gesagten kann nicht einmal dieser bescheidene Befund voll akzeptiert werden – wenn anders Liebe auch den Gegner meinen soll. Vom Tod Jesu bis zum Erscheinen des Johannesevangeliums sind rund 70 Jahre verstrichen; nicht einmal so lang hat der Liebes-Wille Jesu gehalten – jedenfalls nicht in einer ethischen Gestalt, die auch heute noch überzeugen könnte.

Übersetzungsschwierigkeiten

Über Jesus ist bis jetzt hauptsächlich in der griechischen, lateinischen, italienischen, spanischen, französischen, englischen und deutschen Sprache geschrieben worden. Bedeutende theologische und philosophische Werke des christlichen Jahrtausends zwischen Völkerwanderung und Entdeckung Amerikas, gelehrte Untersuchungen aus der nachchristlichen Ära zwischen Luther und Hitler – sie alle entstammen nahezu ausschließlich dem indo-europäischen Sprechen, Denken und Schreiben.
Die Grammatik formt die Gedanken (Whorf). Chinesen, Tibetaner, Türken, Afrikaner sprechen nicht nur anders als wir; auch ihr Denken ist anders gestaltet als das unsere. Jesus hat in einem semitischen Idiom gesprochen, und das Semitische gehört nicht zur indo-europäischen Sprachfamilie. Vom ursprünglichen Sprechen und Denken Jesu sind nur ein paar Worte in den Evangelien stehengeblieben, alles übrige wurde fast sofort übersetzt.

Eine Einsicht in die denkprägende Kraft der verschiedenen Grammatiken ist uns durch die Arbeit der modernen Sprachwissenschaft möglich geworden; sie wurde – unter dem Namen der Linguistik – vornehmlich von *Edward Sapir* († 1939) in Fahrt gebracht. Heute ist dieser Bereich der Forschung in starker Entwicklung begriffen, mit Auswirkungen und Anwendungen in Sozialpsychologie, Völkerkunde, Logik, Sprachphilosophie.
Der zivilisatorische Siegeszug des indo-europäischen Sprechens und Denkens ist heute eine globale Tatsache; diese sollte uns nicht unbedingt veranlassen, unsere Grammatik als die menschliche schlichthin einzuschätzen; es geht auch anders, wie möglicherweise in absehbarer Zukunft China und Japan demonstrieren werden.

Unsere Gedanken über Jesus sind abhängig von der Sprache, die wir sprechen; sie dürfen mithin nicht als definitiv bezeichnet werden; von anderen sprachlichen Voraussetzungen her kann anderes über Jesus gedacht werden, etwas, worauf wir aufgrund der Grenzen unserer Grammatik nicht kommen.
Wenn es ein sprachloses Denken gibt, in der Ekstase der Mystiker beispielsweise, dann könnte dieses zu Ansichten über Jesus gelangen, die von den verschiedenen Grammatiken unabhängig sind. Diese Ansichten würden sich von den landläufigen Jesusvorstellungen möglicherweise grundlegend unterscheiden; jedoch belehrt uns das Studium der Mystiker aus den verschiedensten Kulturkreisen, daß sie generell unter der Schwierigkeit leiden, ihre Gedanken in eine verständliche Sprachform zu kleiden. Die Mystik hat eben keine Grammatik, und so bleiben ihre Erlebnisse in entscheidenden Punkten unmitteilbar.
Vielleicht siedeln die Dichter zwischen Mystik und Umgangssprache. Ein Indiz hierfür wäre, daß sie schwerer zu übersetzen sind als Zeitungsmeldungen. Vielleicht ist ein guter Dichter unabhängiger von der Grammatik als unsereiner, indem er neue Sprachgestalten und damit Denkgestalten erfindet.

Aus diesen Überlegungen ergibt sich jedenfalls, daß man gut daran tut, beim Nachdenken über Jesus auch die Instrumente dieses Denkens mit einem Blick zu streifen, also die Hauptwörter und Zeitwörter, ihre nach bestimmten Regeln erfolgende Verknüpfung zu Sätzen. Solche Achtsamkeitsübungen mögen auch dann ihren Nutzen haben, wenn sie unwissenschaftlich betrieben werden; denn durch sie werden wir auf etwas aufmerksam, was wir sonst wie das Atmen betreiben: unsere Sprachgewohnheiten. Üblicherweise achten wir nämlich nicht auf unsere sprachlichen Selbstverständlichkeiten. Und weil wir nicht auf sie achtgeben, halten wir sie für die Welt.
Atembeschwerden lenken die Aufmerksamkeit auf das Atmen, das sonst völlig selbständig geschieht. Sprachbeschwerden könnten der Anlaß sein, die Sprache zu beachten. Im Fall Jesu

jedenfalls lassen sich Sprachbeschwerden unschwer feststellen, nämlich im Hinblick auf die Verschrobenheit vieler theologischer Auslassungen oder die zeremoniöse Leere kirchenamtlicher Verlautbarungen. Sprachbeschwerden scheint auch der Normalverbraucher zu haben, wenn er von Jesus reden will; oft produziert er lediglich kindliche Formeln, eine Verarmung wird merklich.

Dennoch wird – nicht selten mit Erbitterung – an den diversen Formeln festgehalten, Bücher werden mit Auseinandersetzungen über bestimmte Satzformeln gefüllt. Ob Jesus Gottes Sohn war. Ob er übers Wasser gegangen ist. Ob er von den Toten auferstanden ist. Ob Josef sein leiblicher Vater war.

Was in diesem Buch fehlt an Inhalten, die vielleicht vielen wesentlich erscheinen, wurde mit Bedacht ausgelassen. Was noch zu sagen sein wird, möge als grammatische Übung verstanden werden, als eine Lockerungsübung für sprachliche Krampfzustände, entworfen von Jesus her, wie er gesehen werden kann, bis auf Widerruf.
Erfreulich wäre es, wenn dadurch wenigstens manche davon entlastet würden, den realen Jesus mit jenen Sprach- und Denkgestalten zu verwechseln, die sich im Lauf der Zeit um ihn gebildet haben.

Der Umstand des Ortes

Wer keinen richtigen Platz in der Gesellschaft gefunden hat, erregt Mißtrauen. Staatenlose beispielsweise, Personen ohne festen Wohnsitz und geregeltes Einkommen. Wer nicht weiß, wo er hingehört, erweckt Verdacht, nicht nur behördlichen, man traut solchen Menschen nicht über den Weg, sie sind unverläßlich. Anerkannt hingegen wird, wer eine gute Position gefunden hat, eine ordentliche Stellung, man weiß dann, woran man ist. Der junge Mann, den die Tochter mitgebracht hat, sitzt im Wohnzimmer und wird getestet, ob er in Frage kommt für eine Heirat.

Jedermann trägt seine Ortsbestimmungen mit sich herum, sie bilden einen Teil seines Charakters, und was nach Abzug dieser Umstandsbestimmungen schließlich übrigbleibt an Eigenem, mag in manchen Fällen wie ein bloßer Behälter anmuten, in den man Verschiedenes gefüllt hat, Angeborenes und Angelerntes. Vorteilhaft ist es für den jungen Mann im Wohnzimmer, wenn er aus gutem Hause stammt, mit Wohlstand im Hintergrund, stillschweigend wird ein Pluspunkt eingetragen. Sich gegen die Woherfrage zu wehren fällt schwer, auch Jesus hatte da seine Schwierigkeiten, wie kann denn aus Nazaret etwas Gutes kommen. Vielleicht trägt einer eine Schande mit sich herum, eine uneheliche Geburt oder einen Vater, der im Gefängnis gesessen ist, hier heißt es achtgeben, daß man sich nicht verrät.
Alkoholiker, Kriminelle, Prostituierte, Geistesgestörte, Verwahrloste, Milieugestörte, Unangepaßte, Arbeitsscheue, Neurotiker – sie alle leiden an einem ungünstigen Woher, die Mutter war nicht lieb zu ihnen, fünf Kinder in einem Bett, da kann nichts Gutes dabei herauskommen.

Topos heißt im Griechischen soviel wie Ort, und ein *atopotatos* ist dann einer, der keinen rechten Ort hat in der Gesellschaft. Sokrates wurde so bezeichnet von seinen Mitbürgern in Athen, man wußte offenbar nicht recht, wo man ihn hintun sollte, er galt als Sonderling.
Daß ausgerechnet von einem Außenseiter solch nachhaltige Wirkung ausgeht, muß für das sozialgeographische Denken befremdlich wirken. Da läßt sich einer nicht orten und hat doch seinen Wert weit über den Tod hinaus.

Jedes Ding gehört an seinen Platz, erst dann wird die Umgebung vertraut, bildet einen Raum, in dem man sich sicher fühlt, schon morgens beim Aufwachen. Seltsames weht dich an, wenn du in fremder Umgebung im fremden Bett erwachst und nicht gleich weißt, wo du bist. Hierbei handelt es sich um ein Gefühl des Fremdseins, das schnell vorbeigeht, nachrichtentechnisch gesprochen lag hier eine kurzfristige Überbelastung des Gehirnsystems vor, das Gleichgewicht wurde jedoch in Sekundenbruchteilen wieder hergestellt, man kennt sich nun aus, die voraussehbaren Ereignisse des kommenden Tages werden ins Auge gefaßt, man hat seinen Platz besetzt.

Es darf behauptet werden, daß Jesus zu einem Leben mit minimalen Sicherheiten eingeladen hat. Seine eigene Topologie war nicht gerade vorbildlich ausgebildet, und was er beim Aufwachen gedacht hat, wäre der Überlegung wert. Dazu allerdings bedarf es einiger Phantasie, und gerade die pflegt um so eher zu verkümmern, je zuverlässiger die Plätze sind, zwischen denen einer hin und her fährt.

Unerheblich ist keinesfalls, was einer gelernt hat im Hinblick auf seinen Beruf, welche Schulen er besucht, welche Universitäten er vielleicht bezogen hat. Lebensläufe, zum Zweck einer Stellenbe-

werbung geschrieben, haben einen eher knappen Stil, sie sind topologisch gehalten, sie führen an, worauf es ankommt im Leben. Wer sie liest, soll möglichst klar den sozialen Ort des Bewerbers erkennen können. Erwünscht ist der richtige Mann am richtigen Platz, und unter Umständen werden feinere Instrumente erforderlich, wenn der erste Eindruck günstig war.
Manche Stellungen nämlich erfordern ein besonders hohes Maß an Verläßlichkeit, also Voraussagbarkeit des Verhaltens, hier kommt es auf die Gesinnung an, auf den politischen oder gar weltanschaulichen Standpunkt. In solchen Fällen werden Auskünfte eingeholt, der Kandidat muß viele Fragen über sich ergehen lassen, diese Art von Ortung erfordert schon Spezialisten, Personalakten sind mitunter nützlich, und manchmal gibt es auch Pannen. So beispielsweise, wenn einer seinen wahren Standpunkt verheimlicht, oder gar keinen hat und den gerade gewünschten nur eben vortäuscht. Sokrates beispielsweise hatte keinen Standpunkt, außer seinem Willen, nach der Wahrheit zu fragen – und wurde damit zum Verführer der Jugend gestempelt.

Vom heutigen Kirchen-Jesus muß man den Eindruck gewinnen, er hätte eine Weltanschauung gehabt. Derart, daß er auf jede Frage die richtige Antwort schon bereit gehabt hätte, seine Lehren ein geordnetes System der Weltdeutung dargestellt hätten. Daß ein solches Jesusbild entstehen konnte, geht nicht ausschließlich auf das Konto des Pfäffischen in der offiziellen Jesusdeutung; sondern es schlägt dabei eben ein Ordnungssinn, Ortungssinn durch, Jesus wird topologisch verarbeitet, er bekommt einen Platz zugewiesen, heißt Gottessohn, Religionsstifter, sitzet zur rechten Hand Gottes. Die Gewohnheiten der Völker haben es erreicht, daß man sich bei Jesus auskennt, er ist verläßlich geworden, hat Karriere gemacht, hat es zu etwas gebracht.

Hingegen ist der reale Jesus recht unverläßlich gewesen, ein Unmutserreger und Provokateur, Stein des Anstoßes und Skan-

dalmacher. Er entwischt jeglichem Bestreben nach Positionsbestimmung, läßt sich nicht orten. Ist streng, wo man Milde erwartet hätte, nachgiebig dort, wo Entschiedenheit am Platz gewesen wäre. Betet im Tempel und fordert zu seiner Zerstörung auf, verärgert seine eigene Sippe und nimmt engste Verwandte in den Jüngerkreis auf. Und immer wieder die Frage: Wer bist du? Wie können wir dich einordnen? Bist du der Messias? Bist du der Prophet? Wirst du das Reich Israel wieder herstellen? In welcher Vollmacht handelst du eigentlich?
Jesus entzieht sich alldem, weicht aus, schlägt dem Meldezettelwesen ein Schnippchen, läßt sich Essen und Trinken gut schmekken, wo er ein Asket sein sollte, läßt sich feiern und verteilt dennoch keine Waffen, spricht vom Weltuntergang und hat dabei ein Auge für das Zunächstliegende.
Ohne sich dabei als Clown zu stilisieren, er will nicht in die Zeitung kommen, sein beständiger Positionswechsel ist nicht Ziel seines Handelns, vielmehr wird da eine Absichtslosigkeit merklich, seine Ortlosigkeit entspringt keinem Programm, er will das Denken verändern, nicht aber es in neue Bahnen lenken, wo es dann beruhigt dahinfahren kann.
Jesus, Judenkönig: Noch der Zettel auf dem Kreuz ist eine einzige Verlegenheit, Jesus behördlich zu erfassen. Daß man ihn schließlich angenagelt hat ist verständlich, denn auf diese Weise gibt er endlich Ruhe.

Der Navigationsoffizier führt das Schiff sicher über den Ozean. Er bestimmt die jeweilige Position, eine Reihe von Instrumenten leistet ihm dabei gute Dienste. Das Gewissen mag mit einem solchen Instrument verglichen werden. Es zeigt uns an, ob wir uns auf dem rechten Weg befinden oder ob wir von ihm abgewichen sind. Jesus ist vom rechten Weg abgewichen, irgend etwas war an seinem Gewissen nicht in Ordnung. Es bleibt also anzumerken, daß Jesus leider nicht sehr gewissenhaft war.
Ein gewissenhafter Mensch navigiert gut, hat einen guten Sinn für den rechten Weg, für das Woher und das Wohin, für den

Umstand des Ortes also. Das Gewissen ist in verschiedenen Gesellschaften verschieden gestaltet, was in einer Kultur erlaubt wird, ist in einer anderen verboten. Ohne Navigation jedoch geht es in keiner Gesellschaft. Die einzelnen Menschen verhalten sich dabei wie Fußgänger auf einer belebten Straße – sie orientieren sich aneinander, weichen aus, gehen schneller oder langsamer, stimmen ihre Bewegungen aufeinander ab.
Ein gewissenhafter Mensch behauptet seinen Platz, indem er die Plätze anderer Menschen respektiert, sein Radio spielt auf Zimmerlautstärke. Was du nicht willst, daß man dir tu, das füg auch keinem andern zu.
Hierbei handelt es sich um die sogenannte Goldene Regel in der Moral, und sie scheint im Tierreich besser verwirklicht zu sein als unter Menschen. Denn unter den Tieren gibt es wohl Positionskämpfe, nicht aber den Krieg. Mit der Haltung des gewissenhaften Navigierens allein ist die Menschheit bislang noch nicht sehr weit gekommen, auch Bombenschützen sind gewissenhaft.

Wenn Jesus also das entwicklungsgeschichtlich sehr alte Positionsdenken unterläuft, arbeitet er an der Menschwerdung des Menschen fort, dringt in Partien des Hirnstammes ein, wo die Aggressivität sitzt – allerdings mit mäßigem Erfolg. Um seine Absichten sich zu eigen zu machen, ist nicht nur Kenntnisnahme, sondern Übung erforderlich; denn die in Frage stehenden Verhaltensregeln topologischer Art sind offenbar fest programmiert, reichen in die Zeit zurück, da wir noch auf den Bäumen gelebt haben, woselbst das Alpha-Tier, also der Gruppenchef, respektiert wurde.

Eingesperrt werden ist eine gute Übung im Sinne Jesu; auch in den Evangelien ist davon die Rede: Man wird euch den Gerichten überliefern.
Für den Eingesperrten nämlich verändert sich die Topologie insofern, als er ihre Kehrseite erblickt, und die ist unfreundlich

und ungepflegt. Die Gesetze wirken nur so lange feierlich, als man nicht mit ihnen in Berührung kommt. Im Gefängnis dagegen sitzt man topologisch gesehen entschieden am falschen Platz, und es wird dafür gesorgt, daß man es zu spüren bekommt. Franz Kafka ist hier mit großem Respekt zu erwähnen, beispielsweise. Auch Paulus hat seine Lektion gelernt: In Gefangenschaft, bei Schlägen über die Maßen, in Todesnöten oftmals. Darbend, geängstigt, mißhandelt – so lauten die Umstandsbestimmungen einer Gegen-Topologie im Hebräerbrief des Neuen Testaments, der passende Ort für den Schüler Jesu ist – eintretendenfalls – das Gefängnis, er gehört zu den Zuchthäuslern, wenn auch aus anderen Motiven als die landläufigen Gauner.
Freuen soll sich der Schüler Jesu, wenn sich der Schlüssel hinter ihm im Schloß dreht: Selig seid ihr, wenn sie euch schmähen und verfolgen.

Eine andere Übung für den Schüler Jesu ist die Umkehr der sozialen Bewegungsrichtung. Der Ort, nach dem die Reise geht, liegt unten und nicht oben bei Happy-Few, Besitz und Bildung strömen bergab, wie es sich gehören sollte.
Aurelius Augustinus vergleicht die Liebe mit dem (spezifischen) Gewicht der Körper, prägt das Wort: Mein Gewicht ist meine Liebe. Die Körper werden durch ihr Gewicht veranlaßt, den ihnen gemäßen Ort zu suchen. Wer liebt, hat ein neues spezifisches Gewicht, strebt nach anderen als den üblichen sozialen Orten und Positionen, sein Verhalten zu Menschen und Sachen kehrt sich um, seine Aufmerksamkeit wird gerade dort erregt, wo die herkömmliche Topologie versagt, ihm fällt auf, woran andere achtlos vorübergehen, Romeo und Julia sind hier zu beachten, sie werden zueinander hingezogen, achten nicht der tödlich verfeindeten Familien, ihr Verhalten ist äußerst unpraktisch. Ein Schüler und eine Schülerin reißen von zu Hause aus, derlei ist öfter in der Zeitung zu lesen, werden polizeilich gesucht, Jesus winkt ihnen zu.

Nobody knows you when you're down and out – so hat Bessie Smith († 1937) ihren Blues gesungen, hier stimmt das spezifische Gewicht Augustins, wenn auch nicht ganz in seinem Sinn, so doch im Sinne Jesu sicherlich.

Jesus lenkt den sozialen Kompaß ab, er bildet ein Magnetfeld eigener Art, wer sich ablenken läßt, befindet sich im Wunderland. Sucht und findet jene kostbarste Perle, von der in einem Gleichnis Jesu die Rede geht, gibt alles her, um sie zu besitzen, versetzt Berge mit leichter Hand, heute noch wirst du bei mir im Paradiese sein.
Hänsel und Gretel stehen an der Autobahn, wollen nach Italien, die Eltern sind verzweifelt. Dann werden sie wieder eingefangen, vielleicht spürt der Zeitungsleser einen leisen Neid, auch wenn er mit dem Ausgang zufrieden ist. Wenn ihr nicht werdet wie die Kinder, dann könnt ihr nicht eingehen in das Reich der Himmel. Beneiden könnte man die beiden Ausreißer, lassen einfach alles liegen und stehen, sind für ein paar Tage im Paradies gewesen, wo käme man da hin, einmal muß schließlich das Geld zu Ende sein, was gibt es eigentlich zum Abendessen. Jesus hat wieder einmal verspielt, seine Chance ist in der Tat äußerst gering, sie liegt in diesem schwachen Ziehen des Neides, das den Satten mitunter befällt angesichts schöner Verrücktheiten.

Aus den *fioretti*, einer Legendensammlung über Franz von Assisi: Als der heilige Franz noch im Kleid von Weltleuten ging, stand er bei vielen im Ruf eines Toren. Von seiner Sippe und von Fremden hatte er unzähligen Spott zu leiden. Er aber schritt geduldig gleich einem Tauben und Stummen heiteren Angesichtes durch alles hindurch. Da begann Herr Bernardo von Assisi, der Edelsten, Wohlhabendsten und Klügsten einer in der ganzen Stadt mit weisem Sinne zu bedenken, wie erhaben die Weltverachtung des heiligen Franz, wie groß seine Festigkeit inmitten der Kränkungen und wie stark seine Geduld im Ertragen war . . .

Warum beginnt der reiche Mann nachzudenken, topologisch ist bei ihm alles bestens bestellt, er hat eine glänzende Position, was fehlt ihm noch.
Was veranlaßt ihn, schließlich alles liegen und stehen zu lassen und mit Francesco davonzugehen, seine Freunde schütteln den Kopf, sie bleiben lieber zu Hause.
Im Text ist von einer Heiterkeit die Rede, eine neue Freude ist da vielleicht zu gewinnen, bei knurrendem Magen freilich, die Nächte können recht kühl werden in Umbrien, wenn man im Freien übernachtet. Bernardo probiert es dennoch, Übung macht den Meister, alles übrige wird sich herausstellen.

Auch kollektiv ist die herkömmliche Topologie oftmals verabschiedet worden, lange Zeit ohne Erfolg, immer aber auf christlichem Boden, also mit Jesus im Hintergrund. Die Vorstellung, daß die Welt eines Tages verschwinden und darnach in nie dagewesener Weise wiederum aufstehen werde, ist dem Asiaten und Afrikaner fremd, derlei Gedanken kommen aus dem Nahen Osten.
Die Welt ist schlecht, wir wollen eine andere bessere – so fängt die Revolution an. Wobei der Blick allemal auf das menschlich Topologische gerichtet ist, sobald aktiv zu den Waffen gegriffen wird, denn das Meer kann man nicht austrinken, so viel weiß auch der verrückteste Schwärmer.
Jesus hat die Hoffnung auf den Jüngsten Tag nicht erfunden, sie war schon da, als er kam. Er hat sie gefördert, auf seine Weise, hat sich mit ihr blamiert wie alle seine Vorgänger und Nachfolger bis zu den Adventisten, die den festgesetzten Termin für den Weltuntergang schon öfter verschieben mußten.

Von Mao Tse-tung wurde Jesus nicht benötigt auf dem Langen Marsch, es ist anmaßend und überflüssig, Jesus zum Ahnherrn aller Revolutionäre aufzublasen. Mit der Geduld am Ende sein kann man auch ohne Jesus, Rebellionen und Aufstände gab und gibt es ohne ihn, von Spartacus bis Fidel Castro, nicht immer hat Jesus mitgemischt in dieser zweitausendjährigen Tradition der Revolte. Der Mob von Neapel hatte den heiligen Januarius zum Schutzpatron und nicht Jesus, die Rebellen in Palermo haben nicht ihm, sondern Santa Rosalia gehuldigt.

Den Ideologen aller Art leistet der historische Jesus hartnäckig Widerstand, im Grund sind sie an ihm gar nicht interessiert, sie machen etwas aus ihm. Daß das Deutschordensheer 1410 mit dem Ruf „Christ ist erstanden“ gegen die (ebenso christlichen) Polen und Litauer bei Tannenberg anritt, besagt gar nichts, von Jesus aus gesehen. Parolen und Programme mag er nicht, er ist kein Mitglied, ist weder katholisch noch jüdisch noch kommunistisch. Zugehörigkeitsgefühle führen wiederum zur Topologie, zu Standorten und Standpunkten, schon die antiken Zirkusparteien hatten ihre Blauen und Grünen.

Dennoch marschiert Jesus gelegentlich mit, wenn es auch schwer zu entscheiden ist, wo er sich gerade befindet. In den Reihen Adolf Hitlers möchten wir ihn nicht entdecken, es fragt sich nur warum eigentlich nicht, auch dort war Glaube, lockte das Tausendjährige Reich, wie grundgelegt in der Johannesapokalypse des Neuen Testaments.
Teilt Jesus die Geduld derer, die den Jüngsten Tag von oben und außen erwarten, weltflüchtig passiv? Oder ist er bei den aktiv Hoffenden, die etwas bewirken wollen hier und jetzt, eine landwirtschaftliche Genossenschaft oder den Sturz der Regierung? Solidarisiert er sich mit Bauern oder Arbeitern, Farbigen oder Weißen, Kleinbürgern oder Intellektuellen oder sogenannten Entwurzelten? Schreit er mit beim Ruf nach dem Klassenkampf oder bemüht er sich um den Ausgleich der sozialen Gegensätze? Hält er es mit Black Panther oder General Franco, mit Ghandi und Martin Luther King oder dem Papst? Zieht er die Atheisten den Frommen vor? Handelt er überlegt oder

unüberlegt, ist er ein Einzelgänger oder fühlt er sich in den Massen wohl?
Wo ist Jesus?

Nochmals der Umstand des Ortes also, ethisch jetzt unabweisbar; Jesus muß Stellung nehmen, wir möchten ihn dazu zwingen. Wenn er die Antwort schuldig bleibt, wird er mit Recht vergessen, wenn er immerzu davonläuft, verschwindet er aus der Geschichte. Wer hinsichtlich Jesus immerzu Sowohl-als-auch sagt, wird bekanntlich ausgespuckt, die Welt dreht sich weiter.

Jesus ist bei den Kindern, die von zu Hause fortlaufen. Bei den Gefangenen und Verurteilten. Immer bei den Armen, nie bei den Reichen. Stets bei den Unzufriedenen, die Satten meidet er. Nicht bei den Erhaltern des Bestehenden, denn die kommen ohne ihn zurecht.
Jesus nimmt Partei für die Ohnmächtigen. Den Zornigen fühlt er sich verbunden. Gründungsversammlungen besucht er nicht.
In Kirchen ist er selten zu sehen – dort wird er ohnedies verehrt.
Jesus ist unauffällig gekleidet, eine Uniform trägt er nie.
Er hält sich nirgends lange auf.

Jesus hat sich auf der Welt nicht lange aufgehalten, als reifen Mann kann man ihn sich nicht vorstellen, hierin liegt seine Stärke und Schwäche zugleich.
Seine Schwäche: Er ist nicht imitierbar, dazu hat er erstens zu kurz gelebt, zweitens zu wenig Eindeutiges gesagt, drittens allzu Unmögliches verlangt.
Seine Stärke: Er ist nicht angestrengt und verkrampft, nützt sich daher nicht ab, legt sich nicht fest, wirkt indirekt und nicht direkt programmatisch oder gar gesetzgeberisch. Zum Kernholz seiner Person kann man nicht theoretisch gelangen, Übungen sind erforderlich.

Wer sich von Jesus angezogen fühlt, vermag nicht angemessen zu sagen warum. Er muß bereit sein, seine Rekonstruktionen und Konstruktionen Jesu laufend zu korrigieren, fertig wird er nie mit ihm. Jesus bringt Überraschungen, der morgige Tag wird für sich selber sorgen.
Resignation, ausgeprägter Wirklichkeitssinn und Ergebenheit ins Geschick kommen ohnehin von selbst, mit vorrückendem Alter. Wer dennoch nicht weiß, wohin er sein Haupt legen soll, kann bei Jesus in die Lehre gehen.

Vor einigen Jahren tauchte im katholischen Priesterseminar von Lissabon ein Flugblatt auf, in Form einer polizeilichen Suchanzeige. Hier wird ein sicherer Instinkt für einen frischen Jesus bemerkbar, sein sozialer Ort ist jener einer Wanted Person.

Zweckdienliche Angaben werden erbeten zwecks Festnahme des Jesus Christus, angeklagt wegen Verführung, anarchistischer Tendenzen, Verschwörung gegen die Staatsgewalt.
Besondere Kennzeichen: Narben an Händen und Füßen.
Angeblicher Beruf: Zimmermann.
Nationalität: Jude.
Decknamen: Menschensohn, Friedensfürst, Licht der Welt.
Ohne festen Wohnsitz.
Der Gesuchte predigt Gleichheit und Freiheit aller Menschen, vertritt utopische Ideen und muß als gefährlicher Aufrührer bezeichnet werden.
Hinweise an jede Polizeistation.

Der Umstand der Zeit

Die Partie ist zu Ende, das Spiel ist aus. Jesus befindet sich am Kreuz, noch lebt er, bald wird er sterben, drei Stunden soll das Ganze gedauert haben, dann ist Feierabend. Nie ist eine Beendigung von solch starker und tiefer und langer Aufmerksamkeit begleitet worden, bis heute. Nicht der Zeitpunkt und Eintritt des Todes ist hier von Interesse. Den Tod erlebt man nicht. Sondern der Beendigungsprozeß, das Endspiel. Samuel Beckett darf hierbei beachtet werden, auch Thomas Bernhard, beide Autoren sind allerdings etwas anstrengend.

Verfall ist überall, man muß ihn nur beachten. Frauen blicken in Spiegel, forschen nach Falten. Zähne werden plombiert. Kinderkrankheiten sind häufig, manchmal mit letalem Ausgang. Ein zu niederer Blutdruck kann schon mit 30 lästig sein. Ärzte, Optiker und Apotheker brauchen keine Wirtschaftskrisen zu fürchten, ihre Kundschaft ist verläßlich. Auch kleine Verletzungen sind unangenehm, manchmal muß leider ein Bein amputiert werden. Wer an Kehlkopfkrebs erkrankt, ist besonders arm daran, eine Kanüle ragt aus dem Hals, an ein Verlassen des Bettes ist nicht zu denken. Zähneputzen und Waschen gehört zur Gesundheitspflege, im Urlaub soll man sich erholen und neue Kräfte sammeln. Mineralwasser enthält viele nützliche Wirkstoffe, wer zuviel raucht, betreibt Raubbau am eigenen Körper. Sport erhält jung und frisch, wer dabei übertreibt, schadet sich.

Das Geschirr muß abgewaschen, Schuhe müssen geputzt werden. Der Staubsauger hilft der Hausfrau bei ihrer Arbeit, Staub gibt es immer. Putzmittel, Waschmittel dienen der Erhaltung des

Bestehenden; konservativen Zwecken ist auch ein großer Zweig der Nahrungsmittelindustrie gewidmet, Früchte und Gemüse, Fisch und Fleisch werden in Dosen gebracht, sie würden sonst verderben, dem Verfall wird hier kurzfristig entgegengewirkt.

Gebäude, Straßen, Maschinen sind in gutem, mittlerem, schlechtem Zustand, ständig muß repariert, restauriert, renoviert werden, Venedig droht im Meer zu versinken, gewaltige Anstrengungen werden notwendig sein. Die Erhaltung des Bestehenden schlägt sich in kalkulierbaren Kosten nieder, die laufende Wartung und Überprüfung der Geräte und Einrichtungen muß im Haushaltsplan des Unternehmens berücksichtigt werden.

Die Mode, nicht nur die in der Bekleidung und im Schmuck, muß Neuigkeiten auf den Markt bringen. Ideen, Schriftsteller, Stilrichtungen nützen sich ab wie Wintermäntel. Beständig ist etwas stark im Kommen; daß etwas stark im Gehen wäre, wird nicht eigens betont, es muß eben Platz gemacht werden, jemandes Zeit ist abgelaufen als Schauspieler, man hat schon lange nichts mehr von ihm gehört, schade eigentlich.

Was dennoch lange zu dauern vermag, steigt in der Achtung, wird klassisch oder unvergänglich genannt, hier hat der Zahn der Zeit vergebens genagt, Venus von Milo, Mona Lisa.
Staat und Familie überdauern den einzelnen Menschen, man spricht von Institutionen, an ihnen darf nicht gerüttelt werden, sie haben sich bewährt unter mitunter wechselnden Gestalten, immer schon hat es sie gegeben.

Verläßlich wird genannt, was dem Umstand der Zeit erfolgreich Widerstand leistet. Eine Bankverbindung, eine Beziehung zwischen zwei Menschen, ewig dein.

Unverläßlich wird genannt, was morgen anders sein kann. Dagegen setzt man sich zur Wehr, in bestimmten Fällen, Fahnenflucht wird streng bestraft, meinst du es ernst mit mir.

Auf Vergänglichkeit und Verfall wird verschieden reagiert. Die Hausfrau reagiert praktisch und tapfer, jeder Tag hat seiner Mühe genug. Andere werden schwermütig, für sie altert die ganze Welt, am Ende steht der allgemeine Kältetod. Wieder andere nützen den Augenblick, pflücke die Rose, eh sie verblüht. Oder es wird angesichts der Wechselfälle des Lebens überhaupt die Seelenruhe des Weisen angestrebt, verbunden mit Degagement, stoisch und skeptisch; Mystiker und Zyniker ziehen sich beide auf sich selbst zurück, beide sprechen ihr Alles-ist-eitel, wenn auch mit verschiedenen Konsequenzen.

Zu inspizieren ist hier zunächst der Gründer und Stifter, eben weil Jesus keiner war. Romulus und Remus haben einen Anfang im Sinn, wollen Fundamente legen, die dauern. Grundsteinlegung, Stiftungsurkunde, auf diesen Felsen will ich meine Kirche bauen, ewiges Rom. Der Gründer trotzt dem Umstand der Zeit, er baut für die Ewigkeit, sein Werk wird ihn überleben, sein Name wird verewigt auf möglichst beständigem Material, eingemeißelt in Stein, Denkmäler sollen an ihn erinnern. So werden Sicherheitsmaßnahmen getroffen gegen den Umstand der Zeit, gegen Verfall und Vergänglichkeit. Der Gründer ist – zumindest als Idealgestalt – keineswegs unwissend in bezug auf rieselnden Staub und allgegenwärtigen Rost, blickt in die Zukunft so weit als nur möglich, kalkuliert die voraussehbaren Abnützungserscheinungen seines Unternehmens mit ein, plant auf Jahrhunderte voraus.
Gründerisches lebt noch in Vereinen, stark vermindert im Anspruch freilich. Immerhin werden Gedenktage gefeiert, seht, es gibt uns schon 75 Jahre, das Bestandsjubiläum stellt einen kleinen Triumph dar gegen den Verfall. Selbst bei der Errichtung

eines Einfamilienhauses wird Umsicht und Voraussicht gefordert, auch die Enkelkinder sollen sich darin wohl fühlen.
Der Gründer hat Widerstände zu überwinden, um so stärkere, je weitreichender seine Pläne sind. Bestehendes setzt sich gegen Neugründungen zur Wehr, fühlt sich mit Recht bedroht, weil es durch den Gründer als Verfallendes, Überlebtes gebrandmarkt wird. Vergeblich kämpfen die Indianer gegen die weißen Siedler, die Zeit ist gegen die Indianer, sie werden abgeschafft, nur ein toter Indianer ist ein guter Indianer.
Der erfolgreiche Revolutionär wird zum Gründer, sein negativer Zerstörungswille kehrt sich in den positiven Aufbauwillen, wir bauen eine neue Welt. Die erfolgreichen Gründungen treten selbstbewußt auf, heißen Fortschritt, distanzieren sich vom Vorgänger, nennen ihn alt. Die Tora wird von den Christen altes Testament genannt gegenüber ihrem eigenen neuen, die Zeit vor der französischen Revolution heißt Ancien Régime.
Manchmal wird dann das Alte wiederum hervorgeholt aus den Archiven, Ausgrabungen werden veranstaltet, man spricht von Renaissance, Restauration, Reformation; das Vergangene war nur scheintot, jetzt lebt es wieder, Aristoteles wird wieder modern, der geflüchtete Adel kehrt nach Frankreich zurück.
Ob man aus der Geschichte lernen kann, darf bezweifelt werden, irgend etwas geht seinen Gang. Es wird gelegentlich die Meinung vertreten, es handle sich dabei um eine Kreisbewegung in freilich sehr langen Zeiträumen, um eine ewige Wiederkehr des Gleichen, aber auch diese Annahme ist bislang unbestätigt geblieben. Für den Gründer sind solche Überlegungen sekundär, bei ihm mag vom Primat des Willens gesprochen werden, Alexander der Große marschiert eines Tages los.

Rien ne va plus, in der Roulette rollt die Kugel, für Jesus endgültig, auch noch für Paulus: Die Gestalt dieser Welt vergeht. Alles, was der Fall ist, geht zu Ende. Die heutigen Theologen sagen dazu Eschatologie, flüchten in ein Fremdwort, das außer ihnen kein Mensch versteht.

Nichts geht mehr: Aus der Grundstimmung der Beendigung der Welt erübrigen sich Gründungen aller Art, bestenfalls Provisorien sind möglich, von nun an werdet ihr den Menschensohn kommen sehen auf den Wolken des Himmels.

Es erfolgt sofort ein Einwand, von seiten der Historiker: Das Weltuntergangsdenken war damals üblich, die entsprechende Bildersprache weit verbreitet, Jesus war hierin nicht originell. Rätselhaft bleibt gleichwohl, daß all die Schwärmer von damals und später, etwa im ausgehenden Mittelalter, längst vergessen sind und eine Existenz nur in den Geschichtsbüchern fristen; Jesus hingegen weitaus unverwüstlicher ist, und dies trotz verschobenem Ende.

Es ist zu Ende, es geht zu Ende, es geht vielleicht zu Ende: Samuel Beckett schreibt präzis, auch der Sterbende kann sich nur von einem Augenblick zum nächsten vorschieben, jeder Augenblick kann den Tod bringen, muß aber nicht. Das Weltende steht vor der Tür, aber es vergeht Zeit inzwischen, jeden Augenblick kann das Ende kommen, muß aber nicht, und so wird gewartet, von Augenblick zu Augenblick, die Größe der Sanduhr ist unbekannt, unbekannt auch, wieviel Sand schon durch die Öffnung geflossen ist, wieviel in der oberen, wieviel in der unteren Hälfte sich befindet.

Es geht vielleicht zu Ende: So spricht der Wartende im Augenblick, in jedem Augenblick – wenn er die Spannung erträgt. In Wirklichkeit wartet man nicht von Augenblick zu Augenblick auf die Geliebte, man blickt nur von Zeit zu Zeit auf die Uhr, dazwischen denkt man anderes. Man sagt zu sich, durch ein Geräusch veranlaßt: Jetzt kommt sie vielleicht.

So gesehen, ist auch der sicher zu erwartende Tod, die ohnehin pünktlich eintreffende Freundin eine Überraschung. Die Überraschung liegt darin, daß der Tod, die Frau, der Weltuntergang eben gerade in diesem Augenblick, in dieser Sekunde, Zehntelse-

kunde, Hundertstel-, Tausendstelsekunde eintrifft und nicht um die geringste Zeiteinheit früher oder später.
Füglich muß gewartet werden, während irgend etwas endigt. Durch angespanntes Warten kann man eine Ahnung von dem bekommen, was Zeit genannt wird.

Es gibt eine Reihe von Vokabeln, die zur Beschreibung des Verhältnisses Jesu zur Welt herangezogen worden sind: Gleichgültigkeit, Indifferenz, Distanz; Gegnerschaft, Spannungsverhältnis, Verneinung, Feindseligkeit; In-Frage-Stellen; revolutionäres Denken, Rebellion, Katastrophendenken.
In allen diesen Formeln spricht sich dies eine aus: Jesus war mit der Welt und ihren realen Ordnungen – in Sippe und Familie, Religion, Klassenlage und sozialer Schichtung, Güterbesitz und Machtstruktur und Bildung – keineswegs einverstanden.
Für ihn befindet sich all das in einem Prozeß der Beendigung, ist zu Ende, geht zu Ende, geht vielleicht zu Ende. Es ergeht die Aufforderung zur Wachsamkeit und zum Warten, beides bezogen auf den Umstand der Zeit, bezogen auf die Augenblicke, man hört die Uhren ticken. Die Wirklichkeit braucht nicht abgeschafft zu werden, denn in ihr sitzt ohnehin der Wurm, geachtet wird auf den jeweiligen Augenblick des kosmischen Endspiels, jeder Augenblick kann das Ende bringen, es geht vielleicht zu Ende in diesem Augenblick.

Es liegt etwas Beobachtendes in dieser Haltung, das Material der Welt wird laufend geprüft auf den Grad seiner Abnützung hin, gelebt wird in den letzten Tagen der Menschheit.
Die Sonne scheint: Wie lange noch? Ein Scheck wird eingelöst, Soldaten marschieren: Wie lange noch? Hochzeiten, Geburten, Sterbefälle, Wachstumsraten, Regierungskrisen: Wie lange noch? Ich habe Hunger, muß mich entleeren: Wie lange noch?

Wenn gar alles dem Verfall preisgegeben ist, stellt sich unter Umständen eine traurige Verstimmung ein, Unfähigkeit zum Genuß. Jesus predigt aber eben gerade nicht melancholisch. Die beabsichtigte Gefühlskonsequenz ist bei Jesus nicht manieristisch tingiert, kommt ohne *morbidezza* aus, Herbst und Winter werden nicht bevorzugt als Hintergrund der Gesamtstimmung.
In den Evangelien ist vielmehr vom Sommer die Rede, von der bevorstehenden Ernte. Oder von einer Frau, die in den Wehen liegt. Wichtig also ist die sorgfältige Beobachtung des ablaufenden Prozesses, irgend etwas geht seinen Gang, das Korn reift, die Wehen werden stärker.

Man ist geneigt, Verfall und Niedergang von vornherein negativ zu besetzen, ein Herzschaden wird als unangenehm empfunden. Wodurch ein fahles Licht auf jegliche Beendigung fällt, von fern winkt der Tod. Von daher erklärt sich die Bildung von Klischees, das römische Weltreich ist untergegangen, die Monarchie der Habsburger ist verschwunden, das britische Empire zerfallen. Was alles durchaus stimmt, wenn man die zugrunde liegenden politischen Kriterien akzeptiert, sie wichtig nimmt. Der Untergang des Abendlandes lädt schon als Buchtitel zu Mitgefühl, Bedauern, Erschrecken ein.
Selbstverständlich ist ein solches Friedhofsgefühl jedoch nicht, Beendigungen lassen sich auch positiv bewerten, vielleicht kommt etwas Besseres nach.

Im Johannesevangelium lautet daher das letzte Wort Jesu: Es ist vollbracht.
In dieser Sicht – und man darf sich ihr anschließen – bekommt die Beendigung eine Bedeutung, die nicht mehr rein passiv ist. Sterben heißt dann: Fertig werden. Etwas zu Ende bringen, vollenden, vollbringen, erfüllen.
Bemerkenswert ist dabei, daß diese Vollendung in einer Lage

sich ereignet, die in der Tat gar nichts mehr bewirken kann; Hände und Füße sind am Kreuz fixiert, starke Schmerzen machen lange Reden unmöglich. Lauter Passivität also in diesem Endspiel, möchte man meinen, dennoch wird Jesus fertig, beendigt aktiv. So daß Passivität und Aktivität gar keine Alternative mehr sind, dieses Begriffspaar hat keinen endgültigen Orientierungswert.

Wer dem Sterben Jesu einen exemplarischen Wert gibt – und das tun wir hier –, vermag auch mit einer weiteren Orientierungshilfe ideeller Art nicht viel anzufangen, nämlich jener des Gegensatzes von Negativität und Positivität. Denn sicherlich ist Sterben negativ genug; dennoch wird die Partie positiv beendet, Jesus bringt den letzten Stich an sich, hat gewonnen.

Das Kruzifix (ab 400 n. Chr.) ist die häufigste und beharrlichste, auch die populärste Darstellung Jesu geblieben. Festgehalten wird dabei das Ende (geschlossene Augen) oder die Beendigung (offene Augen). Notabene ist hier – ikonographisch – die Vergottung Jesu nicht gelungen, mit dem Ende der romanischen Kunstperiode verschwinden Krone und Königsmantel von den Kreuzen. Woran am zähesten festgehalten wird, konträr zu Himmelskönigtum und mitten im prächtigen Kult, das verlangt Aufmerksamkeit.

Das Kruzifix wird nicht nur als Sterbekreuz verwendet, auch der Gesunde und Muntere schaut es an. Die Sterbepraxis Jesus ist mit seiner Lebenspraxis verknüpft, und die war deutlich genug vom Ende bestimmt.
Vom Aufmerken auf das Ende, um genauer zu sein, denn die Rede vom herannahenden Ende gehört ebenso notwendig zu Jesus wie seine soziale Ortlosigkeit. Letztere gewinnt nunmehr deutlichere Konturen, eine Absicht wird merklich. Jesus kann

sich eben deshalb nicht orten lassen, weil ihm Familie und Religion, Besitz und Bildung, Klassenlage und Machtapparat insgemein als endende Gestalten gelten.
Daß die Rede vom bald erfolgenden Weltende illusionär war, gibt der Beendigungspraxis Jesu eine Spannung, ohne die seine Einladungen an Dringlichkeit verlieren. Der Irrtum Jesu hinsichtlich des baldigen Endes ist für die Erkundung seines Willens unentbehrlich. Man sollte diesen Irrtum nicht entschuldigen oder erklären, er gehört zur Sache selbst, das habituelle Bedenken des Endes als Lebenshaltung blamiert sich ununterbrochen an der fortbestehenden Wirklichkeit.
Denn nach wie vor scheint die Sonne, wird geheiratet, studiert, gearbeitet, gefoltert, nachgedacht. Die Welt dreht sich weiter, es geht vorwärts, ich weine, lache, atme, ohne Fleiß kein Preis, gegen den Wind kann man nicht Klavier spielen, die Jugend muß Ideale haben, mit der Zeit gibt man's dann billiger.

Die Frage wird sich nicht vermeiden lassen, ob eine Identifikation mit Jesus etwas einbringt, was sonst schwer zu bekommen ist. Sicher ist, daß seine Gestalt nach wie vor kollektiv wirksam ist, nicht nur in Büchern und Kirchen, wortlos predigt er zu vielen Menschen. An ihm könnte sich ein Besserungswille der Gattung Mensch ansetzen, noch ist Jesus da.
Was aber bietet Jesus an hinsichtlich Umstand der Zeit?
Er löst den Krampf bei der Erhaltung des Bestehenden.
Er hilft mit, wenn Unerträgliches liquidiert werden soll. Er schärft den Blick für die Beurteilung von Reifeprozessen und Verfallserscheinungen.
Er leitet zur Wachsamkeit an, schlafende Jünger weckt er auf.
Er durchkreuzt die Sterbensangst.
Jesus schickt sich nicht ins Unvermeidliche.
Weiß aber, wann er aufhören muß, wird fertig, findet einen Schluß, hält nichts fest, auch nicht sich selbst.

Solange Menschen sich gegen das Ende wehren, hat Jesus ein Wort mitzureden. Solange Liebe sich gegen das Ende wehrt, indem sie ihren Gegenstand mit besitzanzeigenden Fürwörtern benennt, darf Jesus korrigierend eingreifen. Solange es den Krieg gibt, in dem plötzlich zerstört werden darf, was vorher sorgfältig bewahrt wurde, behält Jesus seine Lizenz als Heiland. Solange das Geschäft des Lebens und Sterbens dilettantisch betrieben wird, mögen die Kruzifixe hängenbleiben.

Die Möglichkeitsform

Die Weltkugel rollt im Kosmos, die Einsätze sind gemacht, rien ne va plus, irgend etwas geht seinen Gang. Wenn du der Sohn Gottes bist, dann steig herab vom Kreuz. Auf ein Wunder mehr oder weniger sollte es Jesus nicht ankommen, aber er bleibt, wo er ist, nichts geht mehr, die Einsätze sind gemacht.
Während die Kugel rollt, sinnt der Spieler auf Gewinn. Besonders dann, wenn kein weiteres Spiel mehr folgen wird, man lebt nur einmal. All may be well: Der König im Hamlet von Shakespeare spricht in der Möglichkeitsform.

Das Ende bringt Gewinn, sagt Jesus: Schauet auf, erhebt eure Häupter, denn es naht eure Befreiung.
Allerdings nicht ohne Risiko, die Chancen stehen eins zu eins, rot oder schwarz, gleich oder ungleich: Dann werden zwei auf dem Felde sein, der eine wird aufgenommen, der andere zurückgelassen. In jener Nacht werden zwei auf einem Lager sein, der eine wird aufgenommen und der andere zurückgelassen.
Wo ein Risiko ist, bleibt das Denken und Sprechen in der Möglichkeitsform, ich könnte gewinnen, vielleicht gewinne ich, hoffentlich gewinne ich.

Das vierte Kapitel in Musils „Mann ohne Eigenschaften" hat die Überschrift: Wenn es Wirklichkeitssinn gibt, muß es auch Möglichkeitssinn geben. Wer diesen Möglichkeitssinn besitzt – so Musil – sagt beispielsweise nicht: Hier ist dies oder das geschehen, wird geschehen, muß geschehen; sondern er erfindet: Hier könnte, sollte oder müßte geschehen; und wenn man ihm von irgend etwas erklärt, daß es so sei, wie es sei, dann denkt er:

Nun, es könnte wahrscheinlich auch anders sein. So ließe sich der Möglichkeitssinn geradezu als die Fähigkeit definieren, alles, was ebensogut sein könnte, zu denken und das, was ist, nicht wichtiger zu nehmen als das, was nicht ist.

Diese Formulierungen, das darf nunmehr gesagt werden, beschreiben angemessen den Impuls, aus dem heraus unser Buch geschrieben wurde. Es will eine Übung im Möglichkeitsdenken sein, ohne Realitätsverlust, und Jesus ist der Mensch, dem eine wirkliche Sache nicht mehr bedeutet als eine gedachte. Er ist es, der den neuen Möglichkeiten erst ihren Sinn und ihre Bestimmung gibt, und er erweckt sie.

Was Musil sagen will in seinem – unvollendeten – Romanwerk, gewinnt sein Profil durch außenseiterische Figuren: Ulrich selbst, also die Hauptperson, steht in ironischer Distanz zur Realität, seine weitere Entwicklung wird vom Inzest-Verhältnis zu seiner Schwester Agathe bestimmt.
Zu beachten sind ferner zwei Titel, an die Musil für seinen Roman dachte, bevor er ihm die endgültige Überschrift gab: Der Spion, Der Erlöser. Ferner der Titel zum Torso des zweiten Buches: Ins Tausendjährige Reich oder Die Verbrecher.
Musil notiert: Man müßte eigentlich Falschmünzer (Spion) werden. – Man wird sagen, in diesem Band seien nur Minusvarianten des Menschen beschrieben, Lächerliches, Krankes, Entgleisungen. – Man hat nur die Wahl: diese niederträchtige Zeit mitzumachen (mit den Wölfen zu heulen) oder Neurotiker zu werden. Ulrich geht den zweiten Weg. – Wenn Ulrich zu der Zeit gelebt hätte, wo die deutsche Nation durch Reformation und Gegenreformation gespalten wurde, so wäre er gewiß weder Katholik noch Protestant gewesen.
Musil hat auf ein Fazit, ein Endergebnis hin gearbeitet. Die Auseinandersetzung des Möglichkeitsmenschen mit der Wirklichkeit läuft ins Utopische, worunter die von Musil ins Auge

gefaßte Utopie der induktiven Gesinnung oder des gegebenen sozialen Zustands. Zwar unabgeschlossen, sind die Gedanken von Musil hierzu an verschiedenen Stellen des Romans nachzulesen, etwa im Kapitel: Die beiden Bäume des Lebens und die Forderung eines Generalsekretariats der Genauigkeit und Seele; wir gehen hier nicht näher auf sie ein.

Utopien bedeuten – so Musil – ungefähr so viel wie Möglichkeiten; darin, daß eine Möglichkeit nicht Wirklichkeit ist, drückt sich nichts anderes aus, als daß die Umstände, mit denen sie gegenwärtig verflochten ist, sie daran hindern, denn andernfalls wäre sie ja nur eine Unmöglichkeit; löst man sie nun aus ihrer Bindung und gewährt ihr Entwicklung, so entsteht die Utopie.

Daß Jesus ein Utopist war, steht außer Zweifel. Weil die Umstände, die seinen Möglichkeitssinn behindern, auch heute noch wirksam sind, wurde er als gesellschaftlicher Außenseiter beschrieben.

Die Kennzeichnung Jesu als Außenseiter geschieht mit Hilfe des Wirklichkeitssinns, in Gestalt des gesunden Menschenverstandes und der wissenschaftlichen Haltung. Weil der Wirklichkeitssinn in der Tat wenig mit Jesus anfangen kann, hat er ihn jenem Ressort zugewiesen, das von jeher für derlei Unerledigtes zuständig war – das der Religion. Damit war das Anstößige an Jesus beseitigt, in der Kirche konnte er tun und machen was er wollte, die Baumwollpreise brauchen sich nicht um ihn zu kümmern, sie folgen ihren eigenen Gesetzen. Solange Jesus in die Religion ressortiert, finden Stahlproduktion, Bevölkerungsbewegung und Energiewirtschaft ohne ihn ihr Auslangen, was angeblich mit der zunehmenden Arbeitsteilung und Spezialisierung zusammenhängt, der Papst segnet den Fortschritt, es geht vorwärts.

Daß Jesus trotzdem noch nicht endgültig verschwunden ist, hängt damit zusammen, daß die Erde noch nie so recht in gesegneten Umständen war. Ohne Möglichkeitssinn wäre noch nicht einmal das Rad erfunden worden, vom Indikativ allein lebt die Sprache schlecht.

Fassen wir also den Konjunktiv ins Auge; der Indikativ sorgt für sich selber. Die Gesellschaft, in die man sich mit diesem Postulat begibt, ist allerdings nicht immer die beste.
Die Herrschaft der 1000 Jahre (lateinisch *mille* = 1000, wovon Millenarismus) wird bereits in der neutestamentlichen Apokalypse imaginiert: Sie werden Priester Gottes und Christi sein und mit ihm als Könige herrschen die 1000 Jahre.
Vorher wird der Satan in Fesseln gelegt, er verkörpert die bösen Zustände in der Welt: Und ich sah einen Engel vom Himmel herabsteigen, der hatte den Schlüssel des Abgrunds, und eine große Kette in seiner Hand, und ergriff den Drachen, die alte Schlange, die der Teufel und der Satan ist, und legte ihn in Fesseln für 1000 Jahre und warf ihn in den Abgrund und schloß über ihm zu und legte ein Siegel an, damit er die Völker nicht mehr verführe, bis die 1000 Jahre vollendet wären.
Soweit das Thema, das später reich orchestriert worden ist, einen Komplex von Vorstellungen hervorgebracht hat, von den Jüngern eines gewissen *Montanus* im 2. Jahrhundert bis zu italienischen Bauern des ausgehenden 19. Jahrhunderts.
Der Kern: Alle werden arbeiten, es wird weder arm noch reich geben, alle werden gleich sein, alles soll gemeinsam sein und der Ertrag gerecht verteilt werden, Brüderlichkeit wird herrschen.
Im frühen Mittelalter fließen die Quellen der abendländischen Ketzer und Schwärmer spärlich; ab dem 11. Jahrhundert jedoch hat sich der Möglichkeitssinn kräftig geregt, von Brabant bis Böhmen, von Kalabrien bis ins Languedoc; in mannigfaltigen, oft skurrilen Gestalten, manche asketisch, andere mit Frauentausch, als Geißlerzüge oder Wiedertäufer, immer aber revolutionär und nicht nur heimlich träumend, sondern auch mit Dreschflegeln.
Der Millenarismus wird beschrieben als tiefe Ablehnung der gegenwärtigen schlechten Welt, als leidenschaftliches Verlangen nach einer anderen besseren, und zwar im Diesseits; als Hoffnung auf eine konfliktlose Gesellschaftsordnung, deren Vorstellungen bezüglich real politischer Verwirklichung meist völlig vage bleiben; als bestimmt von einer Bildersprache mit starker

emotionaler Wirkung, die besonders in übervölkerten Gebieten unter den Unterschichten Gehör fand und sich vornehmlich in Zeiten ausbreitete, die von Hungersnöten, Teuerungen und Epidemien gekennzeichnet waren.
All das ereignete sich in einer Agrargesellschaft und gehört insofern der Geschichte an, als moderne revolutionäre Bewegungen sich zumindest in dem Punkt vom Millenarismus unterscheiden, daß sie meist recht genaue Zielvorstellungen von politischer Organisation, Taktik und Strategie entwickelt haben. Jedoch lebt auch in den modernen Revolutionstheorien – nationalistischen, sozialistischen, kommunistischen, anarchistischen und anderen – die totale Ablehnung der gegenwärtigen Welt weiter, als stärkster Antrieb zum Handeln für die schönere Zukunft.
So hat also der Möglichkeitssinn seine Geschichte, und die ist keineswegs abgeschlossen.

Das Mögliche umfaßt nicht nur die Träume nervenschwacher Personen, sondern auch die noch nicht erwachten Absichten Gottes (Musil). Innerhalb des Möglichkeitssinns läßt sich eine schwache Spielart erkennen, jene der Phantasten, Besserwisser, Krittler, Räsonierer und sogenannten Idealisten. Sie alle leiden an einer Art Impossibilismus, der die Wirklichkeit nicht begreifen kann oder ihr wehleidig ausweicht, wo also das Fehlen des Wirklichkeitssinns einen Mangel bedeutet.
Daß gegen den Tod kein Kraut gewachsen ist, sagt uns der Wirklichkeitssinn, Verschleierungen führen diesfalls nur in die Irre, sind Blässe des Gedankens, die lähmend wirkt.
Jesus war kein verquälter Intellektueller, soviel steht fest.

Wenn Jesus an der vordersten Front menschlicher Möglichkeiten steht, unverbraucht und unbeschädigt, dann kann dies im Zusammenhang mit seiner Zwecklosigkeit gesehen werden. Für bestimmte Zwecke, politische etwa, ist Jesus oftmals herangezogen worden. Der Versuch, Jesus in bestimmten raumzeitlichen

Bedingungen ideell festzulegen, wird nicht von vornherein verabscheuungswürdig sein müssen, auch wenn wir – nach dem Gesagten – die landläufige Definition der Politik als der Kunst des Möglichen nicht unbedingt für empfehlenswert halten, nicht in diesem Zusammenhang jedenfalls; in ihr bekundet sich nämlich eine pragmatische Einstellung zu den Dingen, unvermeidlich zwar für den, der ein Amt bekleidet, als Maßstab für den Schüler Jesu jedoch unbrauchbar. Eher schon wird sich dieser Schüler bei fortschreitendem Studiengang und höherem Schwierigkeitsgrad der erforderlichen Übungen zunehmend als gesellschaftlicher Außenseiter vorkommen – nicht im Sinn eines erstrebenswerten Zieles, sondern als Resultat: Der Jünger steht nicht über dem Meister.

An Beispielen solcher Karrieren fehlt es nicht; spätere Generationen haben jene außergewöhnlichen Menschen zum Gegenstand der Verehrung gemacht, womit sie – beispielsweise als diverse Schutzpatrone – als Ansporn für ähnliche Bestrebungen weitgehend unschädlich wurden.

Immerhin sind Anknüpfungen möglich. Ohnehin wäre es falsch, sich einzubilden, man würde heute ganz von vorn anfangen, wenn man sich neu für Jesus interessiert. Seit Jesus gelebt hat, sind viele Versuche gemacht worden, seine Anstöße zu verwirklichen – manche von kurzer Dauer, andere von lang anhaltender Bedeutung. Ob sie als sympathisch empfunden werden oder nicht – diese Versuche der Realisierung Jesu in verschiedensten gesellschaftlichen Kontexten sind ein Fundus, und nicht alles davon ist museal.

So gesehen liegt in der christlichen Vergangenheit noch vieles, das sich erst entpuppen muß; und daß die Schüler noch größere Werke als der Meister vollbringen würden – wie das Johannesevangelium verspricht –, läßt sich (als bereits erfüllte Verheißung) nur schwer in der Geschichte entdecken.

Wenn es trotzdem gut für uns sein soll, daß Jesus weggegangen ist – nochmals das Johannesevangelium –, dann bleibt ein nur historisch betrachtendes Wissen von Jesus hilflos genug, gar wenn es ihn als abgeschlossene Angelegenheit betreibt. Vorzuschlagen ist also ein Wissen, das den von Jesus angestifteten Prozeß weitertreibt, also mit ihm geht.

Die Entscheidung darüber, ob Jesus lediglich müßige Hirngespinste in die Welt gesetzt hat oder ob seine Ideen einfach noch nicht geborene Wirklichkeiten sind, kann durch keinen Beweisgang erzwungen werden. Die Analysen, Argumente und Gedanken in diesem Buch konnten also lediglich einen offenen Raum schaffen, in dem diese Entscheidung getroffen werden kann, überlegt sicherlich und – wie zu hoffen steht – in jedem Falle kühn.

Anmerkungen

Die Bibelzitate wurden im Text lediglich dadurch gekennzeichnet, daß sie hinter einem Doppelpunkt stehen. Hier werden sie nun in der üblichen Weise nachgewiesen. Abgekürzt sind dabei nur die Namen der vier Evangelien (Matthäus: Mt; Markus: Mk; Lukas: Lk; Johannes: Jo); die Titel der übrigen biblischen Bücher werden ausgeschrieben. Immer gibt die erste Zahl des Zitates das betreffende Kapitel, die zweite den Vers an. Eine bestimmte Übersetzung der Bibel wurde nicht bevorzugt.
Zitate aus anderen Büchern sind in der Regel dadurch kenntlich gemacht worden, daß an ihrem Ende der Name des Autors in Klammern hinzugefügt wurde. Alle Verweise und Zitate im Text unseres Buches werden hier in der üblichen Form belegt, wobei öfter zitierte Arbeiten nur das erstemal mit ihrem vollen Titel angeführt, in der Folge abgekürzt zitiert werden. Bei allen Zitaten im Text des Buches wurde auf die Verwendung von Anführungszeichen weitestgehend verzichtet, vornehmlich aus Gründen eines ruhigen Satzbildes.
Die Fachwelt wird möglicherweise viele Buchtitel vermissen; doch ist dies für den Zweck, der erreicht werden sollte, ohne Belang.
Die Zahlen am Rand verweisen auf die jeweilige Seite im Text, auf die sich die Anmerkungen beziehen.

11 *Dionysius Exiguus* († um 550) befaßte sich in mehreren Schriften mit Kalenderfragen und zählte erstmals die Jahre nach Christi Geburt, wobei er sich um einige Jahre verrechnete.
John M. Allegro, ein englischer Philologe, hat 1970 in seinem Buch „The Sacred Mushroom and the Cross“ (deutsch: Der Geheimkult des heiligen Pilzes. Wien: Molden, 1971) die These vertreten, daß Jesus keineswegs gelebt hat, sondern eine Geheimbezeichnung für einen halluzinogenen Pilz namens Amanita muscaria war, der in den (orgiastischen) Riten der frühen Christen Verwendung fand.
Plötzlich da: Mt 3, 13; Mk 1, 9; Lk 3, 23; Jo 1, 28 f.

12 *Ohne Unterricht:* Jo 7, 15.
Besuch im Tempel: Lk 2, 41–52.

13 *Schriftkundige Oberschicht:* Vgl. *Talcott Parsons*, Societies. Englewood Cliffs, New Jersey: Prentice Hall, 1966, Seite 102.
Essener: In seinem 1970 erschienenen „Jesus-Report“ (Düsseldorf:

Econ, 1970) hat *Johannes Lehmann* eine vollkommene Abhängigkeit Jesu von den Lehren der Qumranleute behauptet. Er kann sich dabei allerdings nicht auf ein übereinstimmendes Urteil der Fachleute berufen.

Familienstand: William E. Phipps ist in seinem 1970 erschienenen Buch „Was Jesus Married?" auf 239 Seiten der Frage nachgegangen, ob Jesus verheiratet war. Die Frage wird im bejahenden Sinn entschieden. Um ein wissenschaftliches Ergebnis im strengen Sinn handelt es sich dabei freilich nicht.

14 *Die Stammbäume:* Mt 1, 1–17; Lk 3, 23–38.

Die gute Nachricht: Mk 1, 15.

16 *Schrifttum über Jesus:* Literaturlisten finden sich unter den entsprechenden Stichwörtern in den Lexika: Religion in Geschichte und Gegenwart (Tübingen: 3. Auflage 1956 ff.); Lexikon für Theologie und Kirche (Freiburg: 2. Auflage, 1957 ff.). Ferner in den jeweils neuesten Veröffentlichungen über Jesus in Buchform, beispielsweise: *Herbert Braun*, Jesus. Stuttgart: Kreuz-Verlag, 1969.

In etwa 250 Zeitschriften, Sammelwerken und Handbüchern findet der Spezialist detaillierte Informationen. Sie werden laufend vermehrt, derzeit um jährlich rund 2000 wissenschaftliche Veröffentlichungen von seiten der gelehrten Bibelforschung. Sich in ihr auch nur zu orientieren, erfordert eine fachliche Ausbildung; diese wird vornehmlich an den theologischen Fakultäten der beiden großen Konfessionen an den Universitäten angeboten. Konfessionell völlig unabhängige wissenschaftliche Lehranstalten für die Bibelwissenschaften gibt es – auch international gesehen – relativ wenige.

Jesus-Worte: Nur jene Aussprüche und Reden Jesu (wie sie von den Evangelien überliefert werden), die der strengen Kritik standhalten, werden von der Wissenschaft „jesuanisch" genannt. Die Zahl dieser authentischen Jesusworte ist relativ klein.

17 *Religionsstifter:* Vgl. *Joachim Wach*, Religionssoziologie. Tübingen: J. C. B. Mohr, 1951, Seite 387.

Das Kommen des Menschensohnes: Mt 16, 28; Mk 13, 26.

Der Bräutigam läßt sich Zeit: Mt 25, 5.

18 *Karl Jaspers*, Die großen Philosophen. München: Piper, 1959, Seite 206. – *Elias Canetti*, Masse und Macht. Hamburg: Claassen, 1960, Seite 539.

Steig herab vom Kreuz: Mt 27, 42.

21 *Welcher Jesus:* Vgl. *Werner Harenberg*, Jesus und die Kirchen. Stuttgart: Kreuz-Verlag, 1966, Seite 174.

22 *Ehe Abraham ward:* Jo 8, 58.

Sören Kierkegaard, Philosophische Brocken. Reinbek bei Hamburg: Rowohlt, 1964, Seite 94.

27 *Zu den Übeltätern:* Lk 22, 37.
Wie ein Lamm: Apostelgeschichte 8, 32; vgl. Jesaja 53, 7 f.
28 *Aus Unwissenheit:* Apostelgeschichte 3, 17.
Sein Blut komme über uns: Mt 27, 25.
31 *Er ist wahnsinnig:* Jo 10, 20; Mk 3, 21.
33 *Die Sünderin:* Lk 7, 36–50.
Eßt und trinkt: Lk 10, 7.
34 *Die Jünger des Johannes fasten:* Lk 5, 33.
35 *Fresser und Säufer:* Lk 7, 34.
Das Festessen bei Levi: Mk 2, 15–17.
Retten, was verloren war: Lk 19, 10.
Bräutigam und Hochzeitsgäste: Lk 5, 34.
36 *Gehet an die Straßenkreuzungen:* Mt 22, 9 f.
37 *Heilung am Sabbat:* Mk 3, 1–6. – Vgl. dazu den Kommentar von *Kurt Schubert*, Die Kultur der Juden I (Israel im Altertum). Handbuch der Kulturgeschichte. Frankfurt: Akad. Verlagsgesellschaft, 1970, S. 196.
38 *Schwören:* Mt 5, 33–37.
Typologie von Merton: Vgl. *Robert K. Merton* u. a., Sociology Today. New York: Harper, 1959, Seite 464.
40 *Ernst Bloch*, Das Prinzip Hoffnung. Frankfurt: Suhrkamp, 1959, Seite 1490.
Ich mache alles neu: Apokalypse 21, 5.
42 *Ludwig Wittgenstein*, Tractatus logico-philosophicus. Frankfurt: Suhrkamp, 1963, Seite 114.
Wir haben ein Gesetz: Jo 19, 7.
45 *Bloch*, Prinzip Hoffnung 1487.
46 *Kognitive Minderheit:* Vgl. *Peter L. Berger*, Auf den Spuren der Engel. Frankfurt: S. Fischer, 1970, Kapitel 1.
Nachfolge: Mk 8, 34; Jo 8, 2; Mk 10, 17–22.
47 *Zu wem sollten wir gehen:* Jo 6, 68.
Kierkegaard, Philosophische Brocken 15, 17, 90–95.
48 *Erik H. Erikson*, Der junge Mann Luther. Reinbek bei Hamburg: Rowohlt, 1970.
Nach der Wandlung: Erikson 152 f. Erikson 234.
49 *Sigmund Freud*, Totem und Tabu. Frankfurt: S. Fischer, 1956, Seite 171 f.
Den Juden ein Ärgernis: 1. Korintherbrief 1, 23.
50 *Zehn Prozent Christen:* Nach *N. H. Baynes*, Constantin and the Christian Church.
Arnold J. Toynbee, Der Gang der Weltgeschichte. München: Deutscher Taschenbuchverlag, 1970, 2. Band Seite 118–120.
Max Scheler, Die Wissensformen und die Gesellschaft. Bern: Francke, 1960, Seite 73.

51 *Canetti*, Masse und Macht 179.
53 *Der Angriff gegen die Juden: G. Lindzey*, Handbook of Social Psychology. Reading, Mass.: Addison-Weseley, 1954, Seite 164, 1044.
54 *Wolfram von den Steinen*, Der Kosmos des Mittelalters. Bern: Francke, 1959, Seite 23–25.
56 *Bloch*, Prinzip Hoffnung 1486 f.
In seinem Leiden: Zitiert nach *Karl Richstätter*, Die Herz-Jesu-Verehrung des Mittelalters. München: Kösel, 1924, Seite 34, 37.
Ecce homo: Der Ausdruck stammt aus der Leidensgeschichte des Johannesev. (19, 5) und bedeutet soviel wie: Da ist der Mensch.
57 *Die Person Christi:* Vgl. *Piet Schoonenberg*, Ein Gott der Menschen. Zürich: Benzinger, 1969, Seite 61.
58 *Unbesiegter Sonnengott (sol invictus):* Vgl. *Franz Altheim*, Der unbesiegte Gott. Reinbek bei Hamburg: Rowohlt, 1957.
Vegetationsgötter: Vgl. *Friedrich Heiler*, Erscheinungsformen und Wesen der Religion. Stuttgart: Kohlhammer, 1961, Seite 252.
59 *Beherrschendes Grundgefühl:* Apokalypse 22, 20; Lk 21, 28.
Die Verstorbenen: 1. Thessalonicherbrief 4, 13–18.
60 *Canetti*, Masse und Macht 175.
Jaspers, Die großen Philosophen 213.
61 *Dieser steht für Sie ein:* Vgl. *Carl J. Burckhardt*, Richelieu. Band 3. München: Callwey, 1966, Seite 114.
Ce plat roman (dieser platte Roman): Vgl. *Albert Camus*, L'Homme révolté. Paris: Gallimard, 1951, Seite 52.
65 Jo 4, 5–26. – Ob diese Erzählung einen geschichtlichen Kern hat, darf hier dahingestellt bleiben.
66 *Ich habe nie in einem Haus gewohnt:* 2. Buch Samuel 7, 6.
Kain und Abel: Genesis 4. Kapitel.
67 *Siehe, der Mensch ist geworden wie unsereiner:* Genesis 3, 22.
Auf freiem Grund: Goethe, Faust zweiter Teil, fünfter Akt.
Die Himmelsleiter: Genesis 28, 10–19.
69 *Bethlehem-Erzählung:* Für die frühen jüdischen Christen mag der Ort wegen der Herleitung Jesu aus dem Geschlecht des David wichtig gewesen sein – vgl. Seite 82 f.
70 *Räuberhöhle:* Mt 21, 13; das Zitat: Jesaja 56, 7.
Jesus im Tempel: Mt 21, 12–17; Mk 11, 15–19; Lk 19, 45 f.; Jo 2, 14–16. Amos 5, 22; Hosea 4, 4; 6, 6; Mt 9, 13; Jesaja 1, 11–20.
71 Jeremia 7, 22.
Die Priesterschrift: Vgl. *Schubert*, Kulturgeschichte 112, 116.
Ein Prophet ist unter uns aufgestanden: Lk 7, 16.
72 *Es ist doch bekannt:* Hebräerbrief 7, 14. – Für den (unbekannten) Verfasser dieses Lehrbriefes ist Jesus im übrigen der einzige und wahre Hohepriester, vgl. 4, 14 – 5, 10.

Kajaphas: Mt 26, 3; Lk 3, 2; Jo 18, 13 f.
Priester seid ihr alle: 1. Petrusbrief 2, 5; Apokalypse 1, 6.
Ging vorüber: Lk 10, 31.
Zeige dich dem Priester: Mt 8, 4.
Um genau zu sein: Vgl. *Josef Blank*, Kirchliches Amt und Priesterbegriff, in: Weltpriester nach dem Konzil. München: Kösel, 1969, Seite 13–52.

73 *Reißt diesen Tempel nieder:* Mt 26, 61; Jo 2, 19.
Kein Stein wird auf dem anderen bleiben: Mk 13, 2. – Jerusalem hatte zur Zeit Jesu etwa 70000 Einwohner. Viele Gewerbetreibende und Handwerker lebten vom Tempel und den Pilgern. Vgl. *Joachim Jeremias*, Jerusalem zur Zeit Jesu. Göttingen: Vandenhoek und Ruprecht, 1958.

74 *Die Steuerbeamten:* Mt 17, 24–27.
Stein des Anstoßes: Lk 2, 34; Mt 21, 42.
Stephanus: Apostelgeschichte Kapitel 6 und 7.

75 *Wen dürstet:* Jo 7, 37.
Qumranleute: Ihre Opposition gegen den Tempeldienst in Jerusalem ging auf Kalenderfragen zurück; vgl. *Schubert*, Kulturgeschichte 169 f.
Einen Tempel sah ich nicht in ihr: Apokalypse 21, 22.

76 *Der Riß im Vorhang:* Mt 27, 51; Mk 15, 38; Lk 23, 45.

81 *Der Augenblick des Erkennens:* Jo 20, 11–18.

82 Hohes Lied 3, 4.
Sie werden zu einem Fleisch: Mt 19, 5; Mk 10, 7. Das Zitat: Genesis 2, 24.
Philemon und Baukis, ein armes Ehepaar, nahm nach einer griechischen Göttergeschichte die in Menschengestalt durch Phrygien wandernden Olympier Zeus und Hermes gastlich auf. Die Hütte der beiden wird von den dankbaren Göttern in einen Tempel verwandelt, worin das Paar als Priester lebt. Im hohen Alter dürfen sie zusammen sterben; Philemon wird eine Eiche, Baukis eine Linde.
Römerbrief 1, 3.

83 *Aus dem Hause Davids:* Lk 2, 4.
In Nazaret: Mt 13, 53–58; Mk 6, 1–6; Lk 4, 16–24; Jo 4, 44.

84 *Bei den Maori:* Vgl. *J. Prytz-Johansen*, The Maori and his Religion. Kopenhagen: 1954, Seite 9.

85 *Claude Lévi-Strauss*, Das Ende des Totemismus. Frankfurt: Suhrkamp, 1965, Seite 93.
Jesus, der Sohn Josefs: Jo 1, 45.
Seine Mutter und seine Brüder: Mk 3, 31–35; Lk 8, 19–21.

86 *Jesus als Wunderkind:* Lk 2, 41–50.
Jaspers, Die großen Philosophen 204.

87 *Der Vatertausch:* Text in *Otto Karrer*, Franz von Assisi. Legenden und Laude. Zürich: Manesse, 1945, Seite 47 f.
Selig der Leib: Lk 11, 27 f.
Ungewöhnliche Anrede: Jo 2, 4; 19, 26.
Eifrige Diskussionen: Jo 7, 25–29; 40–43.
88 *Die christliche Qual: Aurelius Augustinus*, Dreizehn Bücher.
89 Bekenntnisse. Paderborn: Schöningh, 1964, Seite 194 f.; 200 f.; 269 f.
90 *Eunuchenspruch:* Mt 19, 12; die gelehrte Debatte um die Frage, ob dieser Ausspruch jesuanisch sei, dauert zur Zeit noch an.
Die Söhne dieser Welt: Lk 20, 34.
Wie in den Tagen vor der Sintflut: Mt 24, 38 f.
91 *Wenn jemand zu mir kommt:* Lk 14, 26.
Entzweiung: Lk 12, 51–53.
Wer Vater oder Mutter mehr liebt als mich: Mt 10, 37.
Hausgenossen als Feinde: Mt 10, 36.
Disput über Ehemoral: Mt 19, 1–10 (vgl. 5, 32); Mk 10, 1–12.
93 *Kurt Niederwimmer*, Jesus. Göttingen: Vandenhoek und Ruprecht, 1968, Seite 27. – Katholische Exegeten pflegen derzeit diesen Befund noch zu bestreiten, offenbar aus dogmatischem Interesse hinsichtlich der Jungfrauengeburt; für sie handelt es sich dabei um Vettern und Basen Jesu.
Bischof der Bischöfe: Die *Pseudoklementinen* und das *Thomasevangelium* gelten als sogenannte apokryphe Schriften. Diese weisen durchweg ein hohes Alter auf, entstanden also in der Frühzeit des Christentums, wurden aber nicht in die offizielle christliche Bibel aufgenommen. Vgl. *E. Hennecke – W. Schneemelcher*, Neutestamentliche Apokryphen in deutscher Übersetzung. Tübingen: 1959.
95 *Das Vermögen der Ehelosen:* Es unterlag als Kirchengut bereits im Mittelalter verschiedenen Veräußerungsverboten, blieb also dem Wechsel von Hand zu Hand weitgehend entzogen und hieß deshalb *manus mortua* (= tote Hand). Das Anwachsen dieses Vermögens (*admortisatio*, wovon der heutige Ausdruck Amortisation) wurde schon ab dem 9. Jahrhundert von Kaisern und Fürsten bekämpft, durch sogenannte Amortisationsgesetze.
Die kollektiv wohltätige Wirkung der Jungfrau-Mutter: Vgl. *Carl Gustav Jung*, Zur Psychologie westlicher und östlicher Religion. Zürich: Rascher, 1963, Seite 492. – *Erikson*, Der junge Mann Luther 72.
96 *Jesus als Bräutigam der Kirche:* 2. Korintherbrief 11, 2; Apokalypse 21, 9. – *C. G. Jung* a. a. O.
Das Begehren des Mannes: Jo 1, 13.
Feuer auf die Erde: Lk 12, 49.
Ehescheidung: Lk 16, 18. – *Ehebruch:* Mt 5, 27–30; vgl. Mk 9, 43–48.

Die Ehebrecherin: Jo 7, 53 – 8, 11.
Jaspers, Die großen Philosophen 191.
Was die Jungfrauen betrifft: 1. Korintherbrief 7.
97 *Regelmäßige Kirchenbesucher sind sexuell zurückhaltend:* Vgl. *Alfred C. Kinsey*, Das sexuelle Verhalten des Mannes. Frankfurt: S. Fischer, 1966, Seite 410.
Karl Kraus, Auswahl aus dem Werk. Frankfurt: S. Fischer, 1961, Seite 26.
R. S. Lee, Freud and Christianity. Harmondsworth: Pengiun, 1967, Seite 146–152.
Robert Musil, Der Mann ohne Eigenschaften. Hamburg: Rowohlt, 1965, Seite 16.
98 *Der Versuch der Sippe:* Mk 3, 21.
101 *Paul Zech*, Die lasterhaften Balladen und Lieder des François Villon. München: Deutscher Taschenbuchverlag, 1962, Seite 57.
Jaspers, Die großen Philosophen 208.
102 *Bloch*, Prinzip Hoffnung 1482.
Die Opfergabe der Armen: Lk 2, 22–24.
In den Palästen der Könige: Mt 11, 8.
103 *Selig ihr Armen:* Lk 6, 20 f.
Max Weber, Gesammelte Aufsätze zur Religionssoziologie Band 3. Tübingen: J. C. B. Mohr, 166, Seite 37, 44, 74, 407–410.
104 *Nicht wie die Schriftgelehrten:* Mt 7, 29.
105 *Wo dein Schatz ist:* Mt 6, 21; Lk 12, 34.
Ich preise dich Vater: Mt 11, 25; Lk 10, 21.
Plebejische Intellektuellenschicht: *Weber*, Gesammelte Aufsätze 409, 419.
Auf den letzten Platz: Lk 14, 8–11.
Die gute Nachricht (griechisch: *euangelion;* lateinisch: *evangelium*) für die Armen: Mt 11, 5; vgl. Jesaja 61, 1.
106 *Die Letzten werden die Ersten sein:* Mk 10, 31.
Mit dem Finger Gottes: Lk 11, 20.
Zu uns komme dein Reich: Lk 11, 2 f.
Sorget euch also nicht: Mt 6, 34.
Das Land eines reichen Mannes: Lk 12, 16–20.
107 *Sammelt euch keine Schätze:* Mt 6, 19; 28 f.; 33.
Ernst Bloch, Atheismus im Christentum. Frankfurt: Suhrkamp 1968, Seite 184.
Toynbee, Gang der Weltgeschichte 1. Band 189.
Jesus war ein Sozialist: Vgl. *Eric J. Hobsbawm*, Sozialrebellen. Neuwied: Luchterhand, 1962, Seite 240, 116 (der spanische Anarchist).
Kein Stein wird auf dem anderen bleiben: Mk 13, 2.

108 *Rudolf Bultmann*, Das Urchristentum. Reinbek bei Hamburg: Rowohlt, 1962, Seite 194f. (Der für das Denken Bultmanns wichtigen Existenzphilosophie der Zwischenkriegszeit blieb die Dimension des Sozialen weitgehend fremd – vgl. die Kritik *Blochs* an *Bultmann* in: Atheismus im Christentum 64–86.)
Jener Verführer: Mt 27, 63.
Er bringt das Volk in Aufruhr: Lk 22, 5.
Er verführt das Volk: Jo 5, 12.
Mich erbarmt des Volkes: Mt 15, 32; Mk 8, 1 (Brotvermehrung). Vgl. Mk 6, 34.
109 *Weherufe:* Mt 11, 21–24; Lk 10, 13–15. – Lk 13, 34 (Jerusalem).
Ihr habt nicht getanzt: Mt 11, 16 f.; Lk 7, 31–35.
Wegen der Brote: Jo 6, 26.
Nicht vom Brot allein: Mt 4, 4; Lk 4, 4. Das Zitat: Deuteronomium 8, 3.
Die geringsten der Brüder: Mt 25, 40.
Bloch, Atheismus im Christentum 186.
110 *Geh hin und tu desgleichen:* Lk 10, 37.
Verkaufe was du hast: Mk 10, 17–22.
Verkaufet was ihr habt: Lk 12, 33.
Diese Art von Kletterei: Sie heißt im Soziologen-Jargon *upward mobility*.
Wer sich erniedrigt: Mt 23, 12.
Da rief er ein Kind heran: Mt 18, 2–4.
Die Mühseligen und Beladenen: Mt 11, 28–30.
Wenn du ein Gastmahl gibst: Lk 14, 13.
111 *Prinzip der Neidlosigkeit:* Vgl. *Arno Plack*, Die Gesellschaft und das Böse. München: List, 1969, Seite 110, 317.
Die Fetten des Landes: Psalm 77, 31 (in der lateinischen Übersetzung der Vulgata).
Der klassische Priestertrug: Die Theorie vom Priestertrug wurde von Freiherr *Dietrich v. Holbach* († 1789) entwickelt. Vgl. *Kurt Lenk*, Ideologie. Neuwied: Luchterhand, 1961, Seite 18–22.
Einkommensstatistik: Vgl. *Paul A. Samuelson*, Volkswirtschaftslehre 1. Band. Köln: Bund-Verlag, 1970, Seite 169–172.
112 *Das durchschnittliche Einkommen:* Wenn man die Einkommen logarithmiert, erhält man annähernd eine Gaußsche Normalverteilung.
113 *Die kleine Herde:* Lk 12, 32.
Ein böses Geschlecht: Lk 11, 29.
Günter Herburger, Jesus in Osaka. Neuwied: Luchterhand, 1970.
Die Füchse haben Höhlen: Mt 8, 20; Lk 9, 58.
114 *Provokatorische Zuneigung:* Vgl. *Niederwimmer*, Jesus 64.
Zöllner und Dirnen: Mt 21, 31.

Die Gleichnisse vom Erbarmen: Lk 15.
115 *Pharisäer und Zöllner:* Lk 18, 9–14.
Die Sekte: Vgl. *Weber*, Gesammelte Aufsätze 403.
116 *Daß du ein Samariter bist:* Jo 8, 48.
Das Erbarmen des Königs: Mt 18, 23–35.
Der barmherzige Samariter: Lk 10, 29–37.
Die trauernde Mutter: Lk 7, 11–17.
Liebet eure Feinde: Lk 6, 35; Mt 5, 44–47.
Soziogramm: Ergebnis einer Befragung von Mitgliedern einer Gruppe, wen sie von den übrigen besonders bevorzugen.
121 *Der Einzug in Jerusalem:* Mt 21, 1–11; Mk 11, 1–11; Lk 19, 28–38; Jo 12, 12–16. Vgl. dazu Niederwimmer, Jesus 72.
122 *Der Mann des Haders:* Jeremia 15, 10–17.
Eric J. Hobsbawm: Siehe Anmerkungen zu Seite 107.
Jaspers, Die großen Philosophen 196.
Ein Feuer auf die Erde: Lk 12, 49.
Sondern das Schwert: Mt 10, 34.
Die Hand am Pflug: Lk 9, 62.
123 *Laß die Toten ihre Toten begraben:* Mt 8, 22.
Erikson, Der junge Mann Luther 164.
Ich spucke dich aus: Apokalypse 3, 16.
Das Trotzlied Marias: Lk 1, 46–55.
Hiob 12, 18.
124 *Bloch*, Prinzip Hoffnung 576.
Hosea 9, 15. – Vgl. 1. Buch Samuel 8, 5; 11, 15.
Elija und Elischa: Vgl. Schubert, Kulturgeschichte 96 f.
Die Verklärung: Mk 9, 2–10.
Weber, Gesammelte Aufsätze 125.
125 *Weber*, Gesammelte Aufsätze 285.
Dein Zorn ist zu langsam: Jeremia 15, 15.
Parsons, Societies 101.
Die befriedete Welt: Jesaja 2, 4; 11, 6 f.
Weber, Gesammelte Aufsätze 249.
126 *Ein Prophet ist unter uns:* Lk 7, 16, Vgl. Mt 13, 57; 16, 14; Mk 6, 15; Jo 4, 19.
Jene Täufergruppen: Vgl. *Niederwimmer*, Jesus 28.
127 *Canetti*, Masse und Macht 11, 232, 347–349.
Jaspers, Die großen Philosophen 197.
Die Zeichen der Zeit: Mk 13, 28 f.; Lk 12, 54–56.
Zeloten: Vgl. *Schubert*, Kulturgeschichte 190, 198.
128 *Simon der Zelot:* Lk 6, 15. – Vgl. *Oscar Cullmann*, Jesus und die Revolutionäre seiner Zeit. Tübingen: J. C. B. Mohr, 1970, Seite 22 f.
Bultmann, Das Urchristentum 83.

Verzweifelte proletarische Ausbrüche: Vgl. *Toynbee*, Der Gang der Weltgeschichte 1. Band 498; aufgezählt werden eine Reihe ägyptischer Aufstände gegen das ptolemäische Ausbeuterregime; die jüdischen Aufstände; Erhebungen im westlichen Kleinasien 132 v. Chr. und 88 v. Chr.; Sklavenaufstände in Sizilien und Süditalien mit dem Höhepunkt 73–71 v. Chr. (Spartacus); Unruhen in Rom 91–82 v. Chr.

129 *Fürchtet euch nicht:* Lk 12, 4.
Canetti, Masse und Macht 543.
Ein harter Sieg der Gattung: Marx-Engels, Historisch-kritische Gesamtausgabe. Berlin: 1927 ff., 1. Abteilung, 3. Band, Seite 117.
Der Tod hat keine Gewalt über ihn: Römerbrief 6, 9. Vgl. 1. Korintherbrief 15, 54–57.
Canetti, Masse und Macht 259 f., 542.

130 *Weber*, Gesammelte Aufsätze 418.
Bultmann, Das Urchristentum 41.
Jesaja 55, 8.
Canetti, Masse und Macht 343.
Die Schlange: Genesis 3. – Dazu *Bloch*, Atheismus im Christentum 120–125, 231–237.

131 *Camus*, L'Homme révolté 51.
Hiob 1, 21; 9, 19; 9, 22 f; 10, 1; 12, 16; 38, 4; 42, 10.
Canetti, Masse und Macht 343.

132 *C. G. Jung*, Zur Psychologie westlicher und östlicher Religion 396 f.
Jaspers, Die großen Philosophen 194.
Ihr habt die Lästerung gehört: Mk 14, 64.
Als Feind des Kaisers hingerichtet: Niederwimmer, Jesus 55.
Höre Israel: Zitiert bei *Bultmann*, Das Urchristentum 60.

133 *Und er begann mit Moses:* Lk 24, 27.
Wann und wo es ihm richtig schien: Niederwimmer, Jesus 55.

134 *Camus:* Siehe Anmerkungen zu Seite 61.
Wenn nun ihr, die ihr böse seid: Mt 7, 9–11.
Wenn dich dein rechtes Auge ärgert: Mt 5, 29 f.
Ich will euch zeigen, wen ihr fürchten sollt: Mt 10, 28.

135 *Jaspers*, Die großen Philosophen 199.
Opfertod: Vgl. 1. Korintherbrief 5, 7; Epheserbrief 5, 2. – *Erbsünde:* Die klassische Stelle ist Römerbrief 5, 12–21. Vgl. *Herbert Haag*, Biblische Schöpfungslehre und kirchliche Erbsündenlehre. Stuttgart: Katholisches Bibelwerk, 1966.

136 *Der Dämonenbezwinger Jesus: Niederwimmer*, Jesus 32–35.
Durch Beelzebul treibt er die Dämonen aus: Mk 3, 22.
Projektionsmechanismus: Vgl. *Lindzey*, Handbook of Social Psychology 164.

G. van der Leeuw, Phänomenologie der Religion. Tübingen: J. C. B. Mohr, 1956, Seite 148.
Heiler, Erscheinungsformen und Wesen der Religion 315.

137 *Van der Leeuw*, Phänomenologie der Religion 141.
Wie einer der Macht hat: Mk 1, 22.
Das Haus des Starken: Mk 3, 22–27.
Ich sah den Satan vom Himmel fallen: Lk 10, 18.

138 *Der Sabbat ist um des Menschen willen da:* Mk 2, 27.
Wer von euch hat ein Schaf: Mt 12, 11 f.
Pharisäer: Nicht alle von den Evangelien berichteten Auseinandersetzungen Jesu mit den Pharisäern sind nach Auskunft der Forschung jesuanisch; sie geben nicht selten die Auseinandersetzungen der Urchristen mit den Pharisäern wieder – vgl. *Schubert*, Kulturgeschichte 199.
Rigidität: Vgl. *Lindzey*, Handbook of Social Psychology 136, 247–250, 1045.
Bertolt Brecht, Der Jasager und Der Neinsager. Frankfurt: Suhrkamp, 1967, Seite 49.
Autoritär denkende Menschen: Vgl. *Michael Argyle*, Psychology and Social Problems. London: Methuen, 1967, Seite 30.
Canetti, Masse und Macht 350.

139 *Gebt dem Kaiser was des Kaisers ist:* Mt 22, 21.
Bei euch soll es nicht so sein: Mk 10, 42–44.
Erikson, Der junge Mann Luther 164.

143 *Dieses ist mein Leib für euch:* 1. Korintherbrief 11, 24 f. Vgl. Mt 26, 26–29; Mk 14, 22–25; Lk 22, 14–20. – Diese sogenannten Einsetzungsworte stellen noch heute den Kern des christlichen Kultes dar, der als Messe (katholisch) oder Abendmahl (evangelisch) gefeiert wird.
Sakramentaler Ritus: Vgl. *Niederwimmer*, Jesus 73.
Brachen das Brot: Apostelgeschichte 2, 42–46.

144 *Da Jesus die Seinen liebte:* Jo 13, 1.
Johannesevangelium: Vgl. *Rudolf Schnackenburg*, Das Johannesevangelium 1. Teil. Freiburg: Herder, 1965.

145 *Ich gehe fischen:* Jo 21, 3–5.
Erstes Zusammentreffen: Jo 1, 35–39.
Wach, Religionssoziologie 151.
Jaspers, Die großen Philosophen 219.
Dieser engste Kreis: Vgl. *Heinz Schürmann*, Das Lukasevangelium. 1. Teil. Freiburg: Herder, 1969, Seite 314–316. – Schürmann hält an der Geschichtlichkeit des *Zwölferkreises* fest, als einem „messianischen Zeichen“; andere Exegeten sind diesbezüglich weniger entschieden.

146 *Jene Männer, die mit uns zusammen waren:* Apostelgeschichte 1, 21 f.
70 (bzw. 72) Jünger: Lk 10, 1 (zwei Lesarten).
Etwa 120 Jünger: Apostelgeschichte 1, 15.
500 Brüder: 1. Korintherbrief 15, 6.
Die Frauen: Lk 8, 2 f.; 23, 49, 55 f.; Apostelgeschichte 1, 14.
Geradezu unanständig: Mk 5, 25–34.
147 *Jesus liebte nämlich Martha:* Jo 11, 5.
Im Haus der Geschwister: Lk 10, 38–42.
Sympathie für Lazarus: Jo 11, 36.
Der Jünger, den Jesus liebte: Jo 13, 23; 19, 26; 20, 2.
Euch habe ich Freunde genannt: Jo 15, 15.
G. W. F. Hegel, Phänomenologie des Geistes. Hamburg: Felix Meiner, 1952, Seite 141–150.
Ich, der Herr und Meister: Jo 13, 13–15.
Die Fußwaschung: Jo 13, 2–12.
148 *Die größere Liebe:* Jo 15, 13.
G. F. W. Hegel, Der Geist des Christentums und sein Schicksal. Gütersloh: Gerd Mohn, 1970, Seite 72.
Nur ein einziges Mal: Jo 3, 35.
149 *Hegel*, Der Geist des Christentums 79 f.
Daß ihr einander liebet: Jo 15, 12.
Das Schicksal Jesu: Hegel, Der Geist des Christentums 78.
150 *Beim ganzen Volk beliebt:* Apostelgeschichte 4, 32–34; 2, 47.
Man muß Gott mehr gehorchen als den Menschen: Apostelgesch. 5, 29.
Die Bekehrung des Paulus: Apostelgeschichte 9, 1–9.
Sie bauten sich auf: Apostelgeschichte 9, 31.
151 *Jesus als Heiland für die Juden:* Apostelgeschichte 3, 20; 5, 30 f.
Die Regeln von Homans: Vgl. *Peter R. Hofstätter*, Einführung in die Sozialpsychologie. Stuttgart: Kröner, 1959, Seite 307–311.
Wir-Gruppe: Treffender im Englischen – *in-group* (versus *out-group*).
152 *Scharfer Kontrast:* Jo 1, 1–17.
Nicht für die Welt bitte ich: Jo 17, 9.
Bloch, Atheismus im Christentum 188.
157 *Benjamin Lee Whorf*, Sprache Denken Wirklichkeit. Reinbek bei Hamburg: Rowohlt, 1969, Seite 12.
Nur ein paar Worte: Zum Beispiel Mk 5, 41 *(talita kum).*
164 *atopotatos: Platon*, Theaitetos § 149. – Vgl. *Kiekegaard*, Philosophische Brocken 13.
166 *Der Zettel auf dem Kreuz:* Mt 27, 37; Mk 15, 26; Lk 23, 38; Jo 19, 19–22.
167 *Man wird euch den Gerichten überliefern:* Mk 13, 9.
168 *Bei Schlägen über die Maßen:* 2. Korintherbrief 11, 23.
Gegen-Topologie: Hebräerbrief 11, 37.

Wenn sie euch schmähen: Mt 5, 11 f.
Augustinus, Bekenntnisse 367.
169 *Die kostbare Perle:* Mt 13, 45 f.
Wer zu diesem Berge spricht: Mk 11, 23.
Heute noch wirst du im Paradies sein: Lk 23, 43.
Wenn ihr nicht werdet wie die Kinder: Mt 18, 3.
Als der heilige Franz: Karrer, Legenden und Laude 343 f.
171 *Der Mob von Neapel, die Rebellen von Palermo:* Vgl. *Hobsbawm*, Sozialrebellen 151 f.
Tausendjähriges Reich: Siehe Seite 192.
179 *Alles ist eitel:* Prediger 1, 2.
Auf diesen Felsen: Mt 16, 18.
180 *Die Gestalt dieser Welt vergeht:* 1. Korintherbrief 7, 31.
Eschatologie: Die Lehre von den letzten Dingen.
181 *Auf den Wolken des Himmels:* Mt 26, 64.
Es ist zu Ende: Samuel Beckett, Endspiel. Frankfurt: Suhrkamp, 1969, Seite 9.
182 *Wachsamkeit, Warten:* Mt 24, 42; 25, 13; Mk 13, 33–37; Lk 12, 35–40; Apokalypse 3, 2 f. – Vgl. Jesaja 21, 11 f.
183 *Der Sommer ist nahe:* Mt 9, 37 f.; Lk 21, 30; Jo 4, 34–38; Apokalypse 14, 14–19.
Geburtswehen: Jo 16, 21.
Irgend etwas geht seinen Gang: Beckett, Endspiel 53.
Der Untergang des Abendlandes: Vgl. das gleichnamige Buch von *Oswald Spengler (*2 Bände, München 1918–1922).
Es ist vollbracht: Jo 19, 30.
184 *Ikonographie:* Die wissenschaftliche Erforschung, Beschreibung, Bestimmung und Deutung historischer bildlicher Darstellungen (Insignien, Heiligenbilder usw.).
189 *Steig herab vom Kreuz:* Mt 27, 40.
All may be well: Shakespeare, Hamlet 3. Akt, 3. Szene.
Erhebet eure Häupter: Lk 21, 28.
Nicht ohne Risiko: Mt 24, 40; Lk 17, 34.
Musil, Der Mann ohne Eigenschaften 16–18.
190 *Außenseiterische Figuren:* Der Gegenspieler Ulrichs, Arnheim (hinter dem der reale Rathenau steckt), darf als Wirklichkeitsmensch verstanden werden – erfolgreich und angepaßt. Clarisse und Moosbrugger vertreten den Wahnsinn und die Kriminalität. Weitere Personen, zwischen denen sich Ulrich bewegt, ohne sich ihnen anzuschließen, vertreten die herkömmlichen gesellschaftlichen Kräfte: Stumm von Bordwehr (Militär); Leinsdorf, Tuzzi (Politik); Fischel (Finanzwelt); Walter, Diotima (Kultur); Lindner, Hagauer (Bildungswesen); der Vater Ulrichs (Jurisprudenz).

Musil notiert: Musil, Der Mann ohne Eigenschaften 1574; 1578–1584; 1591; 1594 f.

191 *Die beiden Bäume des Lebens:* Musil, Der Mann ohne Eigenschaften 583–600.

Utopien: Musil, Der Mann ohne Eigenschaften 246.

192 *Die Herrschaft der 1000 Jahre:* Apokalypse 20, 1–6.

Millenarismus: Vgl. *Norman Cohn,* Das Ringen um das Tausendjährige Reich. Bern: Francke, 1961.

193 *Musil,* Der Mann ohne Eigenschaften 16.

194 *Der Jünger steht nicht über dem Meister:* Mt 10, 24.

Noch größere Werke: Jo 14, 12; vgl. Mk 16, 17 f.

Es ist gut für euch, daß ich weggehe: Jo 16, 7.

Die Niederschrift wurde im Juni 1970 begonnen und im Januar 1971 abgeschlossen.